文学名篇
深度阅读导学

中学语文思维培育学本

何光友　陈　晓/主　编
秦兰勇/副主编

西南财经大学出版社
中国·成都

图书在版编目(CIP)数据

文学名篇深度阅读导学:中学语文思维培育学本/何光友,陈晓主编;
秦兰勇副主编.—成都:西南财经大学出版社,2023.7
ISBN 978-7-5504-5822-2

Ⅰ.①文… Ⅱ.①何…②陈…③秦… Ⅲ.①阅读课—中学—教学
参考资料 Ⅳ.①G634.333

中国国家版本馆 CIP 数据核字(2023)第 110897 号

文学名篇深度阅读导学:中学语文思维培育学本
WENXUE MINGPIAN SHENDU YUEDU DAOXUE:ZHONGXUE YUWEN SIWEI PEIYU XUEBEN

何光友 陈 晓 主编

秦兰勇 副主编

策划编辑:何春梅
责任编辑:何春梅
责任校对:周晓琬
封面设计:杨红英
责任印制:朱曼丽

出版发行	西南财经大学出版社(四川省成都市光华村街55号)
网 址	http://cbs.swufe.edu.cn
电子邮件	bookcj@ swufe.edu.cn
邮政编码	610074
电 话	028-87353785
照 排	四川胜翔数码印务设计有限公司
印 刷	四川五洲彩印有限责任公司
成品尺寸	170mm×240mm
印 张	8.25
字 数	156 千字
版 次	2023 年 7 月第 1 版
印 次	2023 年 7 月第 1 次印刷
书 号	ISBN 978-7-5504-5822-2
定 价	28.00 元

编委会

主　编：何光友　　陈　晓

副主编：秦兰勇

编　委：彭　洋　　何佳忆　　张　伟

刘　桂　　王　瑄　　肖　薇

序言

　　春暖花开时节，总是令人欣喜的。孔子的弟子曾皙就曾描绘过春天的美好："莫春者，春服既成，冠者五六人，童子六七人，浴乎沂，风乎舞雩，咏而归。"这样美好的感觉，也可以体现在读书的过程中。读一本好书，就是一次春游。何光友、陈晓主编的《文学名篇深度导学：中学语文思维培育学本》就是这样的好书，我也就是在一个阳光明媚的下午打开这本书的。

　　该书主编之一何光友先生曾担任过武侯实验中学的党支部书记和石室双楠实验学校的校长，他在打造教师"精神高地"、促进教师专业成长方面，取得了不凡业绩。2018 年，何光友先生领衔创办北京第二外国语学院成都附属中学。次年，成立北二外成都附属教育集团。短短四五年时间，"北二外附校"品牌在成都声誉鹊起。何光友先生办学兼具中国灵魂与国际视野，学校开设了众多颇具特色的选修课。他本人也是一位非常优秀的语文教师，语文教育造诣颇深。另一位主编陈晓老师，勤奋好学，年轻有为。本书是他们二人带领一群有思想、有志向的语文教师辛苦努力的结晶。

该书的写作初衷是帮助初中生更好地向高中学段过渡，让他们更快地适应高中语文学习。该书狠抓"衔接"二字，激发学生阅读兴趣，拓宽学生阅读视野，培养学生综合能力，尤其注重对学生阅读面的拓展与思维的培养，训练学生解决实际问题的能力，提升学生语文核心素养。

总之，此书内容好，"愿君多采撷"。

是为序。

李华平[①]

2023 年 3 月 20 日

[①] 李华平，四川师范大学教授、博士生导师，基础教育课程改革科研创新团队负责人。教育部国培专家、国培方案评审专家、国培专家人选评审专家，国家级教学成果评审专家、国家级教学名师评审专家，语文教师培训课程指导标准研制组核心成员。担任全国语文学习科学专委会常务副理事长、中国语文报刊协会课堂教学分会副会长。首倡"正道语文"，入选《新世纪语文名师教学智慧研究（中学卷)》教学名师（全国 20 人）。

前言

    该书采用人文主题与思维培育双线并行的形式组织单元结构。人文主题是本书编写的显性线索。书中设定了六大人文主题——"故园情深""写景记游""诗意人生""品格志向""人生世态""叩问生命",把这些主题作为单元篇目选择和组合的依据。这些主题突显了当代高中生应该具备的理想信念、责任担当等。全书涵盖了散文、小说、诗歌、戏剧等多种文学样式,单元内容突破了文体限制,选文注重经典性、多样化、文质兼美,体现了内容丰富性与体裁多样性相统一的特点,能够有效扩大学生阅读面,促进学生深度思考,激发学生阅读兴趣,落实立德树人根本任务——让学生在阅读的浸润里,形成正确的价值观、人生观。思维培育是本书编写的隐性线索。每个文本后面都设计了阅读思考题,为学生深入解读文本搭建阅读支架。问题设计紧扣文本的深入理解,着重训练学生的思维能力,淬炼其思维品质——深刻性、敏捷性、灵活性、批判性、独创性。本书设置了若干个思维能力训练点,由浅入深,由易及难,层级清晰地分布在学习单元之中。

　　该书编写体例向高中语文教材靠拢，由"单元提示""单元学习任务""作者简介""选文及注释""阅读思考"等组成。"单元提示"分为三部分，分别从"主题内涵""内容总述""学习方法点拨"三方面进行阐述，以帮助学生理解单元主题内涵，了解单元概貌，找到单元阅读方法。"单元学习任务"和"阅读思考"具有较强的思维训练性和实际可操作性。单元任务生发于本单元的学习资源，依据本单元主题内容，创设真实的、有意义的情境实践活动，引导学生学以致用，锻炼学生用语言文字解决真实问题的能力。

　　该书编写注重学生主体性，从内容到形式，均以学生需求为出发点，建构学生自学系统，以适应学生自学需要。因此，该书既可以用于学生在教师指导下的阅读，也可以用于学生自学。既可以逐个单元拾级而上，也可以打破单元编排顺序，根据阅读兴趣和生活实践需要选择阅读，并形成前后联动。同时，还鼓励学生根据单元主题和阅读兴趣，扩展阅读，沿波讨源，丰富单元内容，构建既有广度又有深度的认知结构。

编者

2023 年 3 月

目录

故园情深

　　故乡是每一位游子魂牵梦绕的地方，因为故乡有他们熟悉的街道、刻骨铭心的记忆，更有眷念的亲人。故乡承载了太多的东西，游子无论走到哪里，看到多少繁华，都永远忘不了故乡。

　　本单元的三首诗歌和两篇散文分别创作于不同的年代，作者或对比衬托，或借景抒情，或巧妙含蓄，或真诚直白，让我们体会到不同的艺术表达，但不论是哪一种表达，都是作者对故乡诚挚的爱恋。

　　学习本单元，不但要学会品味文本的语言，对文中精彩的语句做一些圈点批注，还要学会在反复朗读的基础之上，分析意象，品味意境，进而把握文本中充溢的情感。

单元学习任务

一、本单元所选的作品囊括了不同背景下的人对家乡的思念，你对家乡有着怎样的深厚情感？请结合你的生活实际，写下你对故乡的感受，与同学们相互交流。

二、搜集整理歌咏家乡的诗歌，古诗和现代诗均可。在班级里举行一次诗歌朗诵会，表达自己对家乡的眷恋之情。

作品研读

杂诗三首①

→**作者简介**　王维（701—761），字摩诘，号摩诘居士。河东蒲州（今山西永济）人，祖籍山西祁县。唐朝诗人、画家。王维参禅悟理，精通诗书音画，与孟浩然合称"王孟"，因笃诚奉佛，有"诗佛"之称。书画特臻其妙，后人推其为南宗山水画之祖。北宋苏轼评云："味摩诘之诗，诗中有画；观摩诘之画，画中有诗。"

其一

家住孟津河②，门对孟津口。

常有江南船，寄书家中否。

其二

君自故乡来，应知故乡事。

---

①　王维：《王维诗集》，白鹤校点，上海古籍出版社，2017，第350-351页。《杂诗三首》作于诗人隐居孟津时。安史之乱之后，诗人便在孟津隐居多年，留下了许多辉煌的诗作，其中咏孟津的诗就达九首。这组诗便是其中的代表。

②　孟津河：指河南洛阳北部的黄河南岸一带，是"武王伐纣，与八百诸侯会盟"之地，为古代交通要道。

来日①绮窗②前，寒梅著花未③。

其三

已见寒梅发，复闻啼鸟声。

心心视春草，畏向玉阶生。

➡ 阅读思考

一、诗人常年客居在外，难得见到一位同乡，但他却没有向老乡询问家人近况或家中之事，反而问起窗前那株梅花是否开放。这是否符合生活的逻辑？

二、陈贻焮先生在《王维诗选》中说："这三首诗虽然各自成章，而意思又互有关联，因此不能将它们分割开来解释。"你如何理解这句话？

---

① 来日：来的时候。

② 绮窗：雕画花纹的窗户。

③ 著花未：开花没有？著（zhuó）花，开花。未，用于句末，相当于"否"，表疑问。

苏幕遮①

→作者简介 周邦彦（1056—1121），字美成，号清真居士，杭州钱塘（今浙江杭州）人，北宋文学家、音乐家，宋词"婉约派"的代表词人之一。周邦彦精通音律，曾创作不少新词调。作品多写闺情、羁旅，也有咏物之作。格律谨严，语言曲丽精雅，长调尤善铺叙。旧时词论称他为"词家之冠"，近人王国维称其为"词中老杜"，在宋代影响甚大。

燎②沈香③，消溽暑④。鸟雀呼晴⑤，侵晓⑥窥檐语。叶上初阳干宿雨⑦，水面清圆⑧，一一风荷举⑨。

故乡遥，何日去？家住吴门⑩，久作长安旅⑪。五月渔郎相

---

① 周邦彦：《周邦彦词集》，上海古籍出版社，2010，第30页。此词作于宋神宗元丰六年（1083）至宋哲宗元祐元年（1086）之间，当时周邦彦久客京师，从入都到为太学生再到任太学正，处于人生上升阶段。

② 燎（liǎo）：小火烧炙。

③ 沈香：即沉香，一种名贵香料，置水中则下沉，故又名沉水香，其香味可辟恶气。沈，现写作沉。

④ 溽（rù）暑：夏天闷热潮湿的暑气。溽，湿润潮湿。

⑤ 呼晴：唤晴。旧有鸟鸣可占晴雨之说。

⑥ 侵晓：拂晓，破晓，天刚亮。侵，渐近。

⑦ 宿雨：隔夜的雨。

⑧ 清圆：清润圆正。

⑨ 一一风荷举：意味荷叶迎着晨风，每一片荷叶都挺出水面。举，擎起。

⑩ 吴门：古吴县城亦称吴门，即今之江苏苏州，此处以吴门泛指吴越一带。作者是钱塘人，钱塘古属吴郡，故称吴门。

⑪ 久作长安旅：长年旅居在京城。长安，借指北宋的都城汴京（今河南开封）。旅，客居。

忆否？小楫轻舟，梦入芙蓉浦①。

➡ 阅读思考

一、王国维认为这首词中"水面清圆，一一风荷举"两句，是"最能得荷之神理者"，词人是如何描写"荷之神理"的？

二、从结构上讲，本首词上片与下片分别写景、抒情，层次分明，但是景与情之间关联密切，词人是如何做到这一点的？请简要分析。

---

① 芙蓉浦：长着荷花的水边，有溪涧可通的荷花塘。词中指杭州西湖。芙蓉，又叫"芙蕖"，荷花的别称。浦，水湾、河流。

边界望乡①

➡**作者简介** 洛夫（1928—2018），1928 年生于湖南衡阳，1949 年离乡去台湾，1996 年移居加拿大。他潜心现代诗歌的创作，写诗、译诗 40 多年，对中国现代诗的发展产生了重要的影响，洛夫的诗集《魔歌》被评选为中国现代文学经典之一。

说着说着
我们就到了落马洲

雾正升起，我们在茫然中勒马四顾
手掌开始生汗
望远镜中扩大数十倍的乡愁
乱如风中的散发
当距离调整到令人心跳的程度
一座远山迎面飞来
把我撞成了
严重的内伤

---

① 钱谷融主编：《中国现当代文学作品选：1949—2009》下卷，华东师范大学出版社，2020，第 459-460 页。1979 年 3 月，洛夫访问香港时创作《边界望乡》。当时洛夫在余光中的陪同下，去边界落马洲用望远镜看大陆，洛夫离乡三十年，面对近在咫尺的故乡却过不去，有家不能归，近乡情怯。于是写下了此诗，表达其游子怀乡咫尺天涯的伤痛、落寞和无奈。

病了病了
病得象山坡上那丛凋残的杜鹃
只剩下唯一的一朵
蹲在那块"禁止越界"的告示牌后面
咯血。而这时
一只白鹭从水田中惊起
飞越深圳
又猛然折了回来

而这时，鹧鸪以火发音
那冒烟的啼声
一句句
穿透异地三月的春寒
我被烧得双目尽赤，血脉贲张
你却竖起外衣的领子，回头问我
冷，还是
不冷？

惊蛰之后是春分
清明时节该不远了
我居然也听懂了广东的乡音
当雨水把莽莽大地
译成青色的语言
喏！你说，福田村再过去就是水围
故国的泥土，伸手可及
但我抓回来的仍是一掌冷雾

8

后记：1979 年 3 月中旬应邀访港，十六日上午余光中兄亲自开车陪我参观落马洲之边界，当时轻雾氤氲，望远镜中的故国山河隐约可见，而耳边正响起数十年未闻的鹧鸪啼叫，声声扣人心弦，所谓"近乡情怯"，大概就是我当时的心境吧。

🔜 阅读思考

一、这首诗中，诗人使用了"杜鹃""白鹭""鹧鸪"这三个古典诗歌中经典的意象，思考诗人借这些意象分别表达了怎样的情感？

二、结合写作背景，说说"望远镜中扩大数十倍的乡愁"的妙处。

想北平①

⊙作者简介 老舍（1899—1966），原名舒庆春，字舍予，中国现代小说家、作家、语言大师、北京人艺编剧，新中国第一位获得"人民艺术家"称号的作家。代表作有小说《骆驼祥子》《四世同堂》，话剧《茶馆》《龙须沟》。

设若让我写一本小说，以北平作背景，我不至于害怕，因为我可以捡着我知道的写，而躲开我所不知道的。让我单摆浮搁的讲一套北平，我没办法。北平的地方那么大，事情那么多，我知道的真觉太少了，虽然我生在那里，一直到廿七岁才离开。以名胜说，我没到过陶然亭，这多可笑！以此类推，我所知道的那点只是"我的北平"，而我的北平大概等于牛的一毛。

可是，我真爱北平。这个爱几乎是要说而说不出的。我爱我的母亲。怎样爱？我说不出。在我想作一件讨她老人家喜欢的事情的时候，我独自微微的笑着；在我想到她的健康而不放心的时候，我欲落泪。语言是不够表现我的心情的，只有独自微笑或落泪才足以把内心揭露在外面一些来。我之爱北平也近乎这个。夸奖这个古城的某一点是容易的，可是那就把北平看得太小了。我所爱的北平不是枝枝节节的一些什么，而是整个儿与我的心灵相粘合的一段历史，一大块地方，多少风景名胜，从雨后什刹海的

---

① 老舍：《想北平》，人民文学出版社，2019，第5-6页。《想北平》是老舍先生于1936年在山东济南时写下的一篇小品文。当年身处异地的老舍，在战乱的岁月中，更加思念他挚爱的北平。

蜻蜓一直到我梦里的玉泉山的塔影，都积凑到一块，每一小的事件中有个我，我的每一思念中有个北平，这只有说不出而已。

真愿成为诗人，把一切好听好看的字都浸在自己的心血里，像杜鹃似的啼出北平的俊伟。啊！我不是诗人！我将永远道不出我的爱，一种像由音乐与图画所引起的爱。这不但是辜负了北平，也对不住我自己，因为我的最初的知识与印象都得自北平，它是在我的血里，我的性格与脾气里有许多地方是这古城所赐给的。我不能爱上海与天津，因为我心中有个北平。可是我说不出来！

伦敦，巴黎，罗马与堪司坦丁堡，曾被称为欧洲的四大"历史的都城"。我知道一些伦敦的情形；巴黎与罗马只是到过而已；堪司坦丁堡根本没有去过。就伦敦、巴黎、罗马来说，巴黎更近似北平——虽然"近似"两字要拉扯得很远——不过，假使让我"家住巴黎"，我一定会和没有家一样的感到寂苦。巴黎，据我看，还太热闹。自然，那里也有空旷静寂的地方，可是又未免太旷；不像北平那样既复杂而又有个边际，使我能摸着——那长着红酸枣的老城墙！面向着积水潭，背后是城墙，坐在石上看水中的小蝌蚪或苇叶上的嫩蜻蜓，我可以快乐的坐一天，心中完全安适，无所求也无可怕，像小儿安睡在摇篮里。是的，北平也有热闹的地方，但是它和太极拳相似，动中有静。巴黎有许多地方使人疲乏，所以咖啡与酒是必要的，以便刺激；在北平，有温和的香片茶就够了。

论说巴黎的布置已比伦敦罗马匀调的多了，可是比上北平还差点事儿。北平在人为之中显出自然，几乎是什么地方既不挤得慌，又不太僻静：最小的胡同里的房子也有院子与树；最空旷的地方也离买卖街与住宅区不远。这种分配法可以算——在我的经验中——天下第一了。北平的好处不在处处设备得完全，而在它处处有空儿，可以使人自由的喘气；不在有好些美丽的建筑，而在建筑的四周都有空闲的地方，使它们成为美景。每一个城楼，每一个牌楼，都可以从老远就看见。况且在街上还可以看见北山与西山呢！

好学的，爱古物的，人们自然喜欢北平，因为这里书多古物多。我不好学，也没钱买古物。对于物质上，我却喜爱北平的花多菜多果子多。花草是种费钱的玩艺，可是此地的"草花儿"很便宜，而且家家有院子，可以花不多的钱而种一院子花，即使算不了什么，可是到底可爱呀。墙上的牵牛，墙根的靠山竹与草茉莉，是多么省钱省事而也足以招来蝴蝶呀。至于青菜，白菜，扁豆，毛豆角，黄瓜，菠菜等等，大多数是直接由城外担来而送到家门口的。雨后，韭菜叶上还往往带着雨时溅起的泥点。青菜摊子上的红红绿绿几乎有诗似的美丽。果子有不少是由西山与北山来的，西山的沙果，海棠，北山的黑枣，柿子，进了城还带着一层白霜儿呀！哼，美国的橘子包着纸；遇到北平的带霜儿的玉李，还不愧杀！

是的，北平是个都城，而能有好多自己产生的花，菜，水果，这就使人更接近了自然。从它里面说，它没有像伦敦的那些成天冒烟的工厂；从外面说，它紧连着园林，菜圃与农村。采菊东篱下，在这里，确是可以悠然见南山的；大概把"南"字变个"西"或"北"，也没有多少了不得的吧。像我这样的一个贫寒的人，或者只有在北平能享受一点清福了。

好，不再说了吧；要落泪了，真想念北平呀！

➡ 阅读思考

一、作者历数北平的种种好处，越数越想念，最后不禁发出感慨："好，不再说了吧；要落泪了，真想念北平呀！"这一结尾有何妙处？

二、北平是古都，这里有宏伟的故宫，巍峨的长城，美丽的颐和园……可写的东西实在是太多太多，可是作者为什么只写了一些平凡的事物呢？

听听那冷雨①

⬤作者简介　余光中（1928—2017），当代著名作家、诗人、学者、翻译家，出生于江苏南京，祖籍福建泉州永春。1947 年毕业于南京青年会中学，考入金陵大学外文系，1949 年转入厦门大学外文系，1952 年毕业于台湾大学外文系。1959 年获美国爱荷华大学（The University of Iowa）艺术硕士。余光中一生从事诗歌、散文、评论、翻译的写作，将其称为自己写作的"四度空间"，他也因此被誉为文坛的"璀璨五彩笔"。余光中驰骋文坛逾半个世纪，涉猎广泛，被誉为"艺术上的多栖主义者"。其文学生涯悠远、辽阔、深沉，为当代诗坛健将、散文重镇、著名批评家、优秀翻译家。

　　惊蛰②一过，春寒加剧。先是料料峭峭，继而雨季开始，时而淋淋漓漓，时而淅淅沥沥，天潮潮地湿湿，即连在梦里，也似乎有把伞撑着。而就凭一把伞，躲过一阵潇潇的冷雨，也躲不过整个雨季。连思想也都是潮润润的。每天回家，曲折穿过金门街到厦门街迷宫式的长巷短巷，雨里风里，走入霏霏令人更想入非

---

　　①　余光中：《听听那冷雨》，中国友谊出版公司，2019，第 28-35 页。《听听那冷雨》创作于 1974 年，其时正值大陆"文化大革命"后期，海峡两岸的同胞不仅不能来往走动，而且连书信都不可通邮。余光中于 1949 年离开厦门去香港，1950 年到台湾，离开大陆已经 25 年了。几十年来，他经历了离别家园的痛苦、浪迹天涯的辛酸，却始终在精神上与祖国血脉相连。

　　②　惊蛰（zhé）：二十四节气中的第三个节气。时至惊蛰，阳气上升、气温回暖、春雷动作、雨水增多，万物生机盎然。

非。想这样子的台北凄凄切切完全是黑白片的味道，想整个中国整部中国的历史无非是一张黑白片子，片头到片尾，一直是这样下着雨的。这种感觉，不知道是不是从安东尼奥尼那里来的。不过那一块土地是久违了，二十五年，四分之一的世纪，即使有雨，也隔着千山万山，千伞万伞。十五年，一切都断了，只有气候，只有气象报告还牵连在一起，大寒流从那块土地上弥天卷来，这种酷冷吾与古大陆分担。不能扑进她怀里，被她的裙边扫一扫也算是安慰孺慕①之情吧。

杏花，春雨，江南。六个方块字，或许那片土就在那里面。而无论赤县也好神州也好中国也好，变来变去，只要仓颉的灵感不灭，美丽的中文不老，那形象，那磁石一般的向心力当必然长在。因为一个方块字是一个天地。太初有字，于是汉族的心灵，他祖先的回忆和希望便有了寄托。譬如凭空写一个"雨"字，点点滴滴，滂滂沱沱，淅沥淅沥淅沥，一切云情雨意，就宛然其中了。视觉上的这种美感，岂是什么 rain 也好 pluie②也好所能满足？翻开一部《辞源》或《辞海》，金木水火土，各成世界，而一入"雨"部，古神州的天颜千变万化，便悉在望中，美丽的霜雪云霞，骇人的雷电霹雳，展露的无非是神的好脾气与坏脾气，气象台百读不厌门外汉百思不解的百科全书。

……

雨打在树上和瓦上，韵律都清脆可听。尤其是铿铿敲在屋瓦上，那古老的音乐，属于中国。王禹偁③在黄冈，破如橼的大竹为屋瓦。据说住在竹楼上面，急雨声如瀑布，密雪声比碎玉，而无论鼓琴，咏诗，下棋，投壶，共鸣的效果都特别好。这样岂不

---

① 孺慕：幼童爱慕父母之情，后来引申为对老师长辈的尊重和爱慕的亲切之感。
② Pluie：法语词汇，意为"雨"。
③ 王禹偁（chēng）：北宋诗人、散文家，宋初有名的直臣。

像住在竹筒里面，任何细脆的声响，怕都会加倍夸大，反而令人耳朵过敏吧。

雨天的屋瓦，浮漾湿湿的流光，灰而温柔，迎光则微明，背光则幽黯，对于视觉，是一种低沉的安慰。至于雨敲在鳞鳞千瓣的瓦上，由远而近，轻轻重重轻轻，夹着一股股的细流沿瓦槽与屋檐潺潺泻下，各种敲击音与滑音密织成网，谁的千指百指在按摩耳轮。"下雨了"，温柔的灰美人来了，她冰冰的纤手在屋顶拂弄着无数的黑键啊灰键，把响午一下子奏成了黄昏。

在古老的大陆上，千屋万户是如此。二十多年前，初来这岛上，日式的瓦屋亦是如此。先是天黯了下来，城市像罩在一块巨幅的毛玻璃里，阴影在户内延长复加深。然后凉凉的水意弥漫在空间，风自每一个角落里旋起，感觉得到，每一个屋顶上呼吸沉重都覆着灰云。雨来了，最轻的敲打乐敲打这城市。苍茫的屋顶，远远近近，一张张敲过去，古老的琴，那细细密密的节奏，单调里自有一种柔婉与亲切，滴滴点点滴滴，似幻似真，若孩时在摇篮里，一曲耳熟的童谣摇摇欲睡，母亲吟哦鼻音与喉音。或是在江南的泽国水乡，一大筐绿油油的桑叶被啮于千百头蚕，细细琐琐屑屑，口器与口器咀咀嚼嚼。雨来了，雨来的时候瓦这么说，一片瓦说千亿片瓦说，说轻轻地奏吧沉沉地弹，徐徐地叩吧挞挞地打，间间歇歇敲一个雨季，即兴演奏从惊蛰到清明，在零落的坟上冷冷奏挽歌，一片瓦吟千亿片瓦吟。

在日式的古屋里听雨，春雨绵绵听到秋雨潇潇，从少年听到中年，听听那冷雨。雨是一种单调而耐听的音乐是室内乐是室外乐，户内听听，户外听听，冷冷，那音乐。雨是一种回忆的音乐，听听那冷雨，回忆江南的雨下得满地是江湖下在桥上和船上，也下在四川在秧田和蛙塘，下肥了嘉陵江下湿布谷咕咕的啼声，雨是潮潮润润的音乐下在渴望的唇上，舐舐那冷雨。

16

因为雨是最最原始的敲打乐从记忆的彼端敲起。瓦是最最低沉的乐器灰蒙蒙的温柔覆盖着听雨的人，瓦是音乐的雨伞撑起。但不久公寓的时代来临，台北你怎么一下子长高了，瓦的音乐竟成了绝响。千片万片的瓦翩翩，美丽的灰蝴蝶纷纷飞走，飞入历史的记忆。现在雨下下来下在水泥的屋顶和墙上，没有音韵的雨季。树也砍光了，那月桂，那枫树，柳树和擎天的巨椰，雨来的时候不再有丛叶嘈嘈切切，闪动湿湿的绿光迎接。鸟声减了啾啾，蛙声沉了咯咯，秋天的虫吟也减了唧唧。七十年代的台北不需要这些，一个乐队接一个乐队便遣散尽了。要听鸡叫，只有去《诗经》的韵里找。现在只剩下一张黑白片，黑白的默片。

正如马车的时代去后，三轮车的时代也去了。曾经在雨夜，三轮车的油布篷挂起，送她回家的途中，篷里的世界小得多可爱，而且躲在警察的辖区以外，雨衣的口袋越大越好，盛得下他的一只手里握一只纤纤的手。台湾的雨季这么长，该有人发明一种宽宽的双人雨衣，一人分穿一只袖子，此外的部分就不必分得太苛。而无论工业如何发达，一时似乎还废不了雨伞。只要雨不倾盆，风不横吹，撑一把伞在雨中仍不失古典的韵味。任雨点敲在黑布伞或是透明的塑胶伞上，将骨柄一旋，雨珠向四方喷溅，伞缘便旋成了一圈飞檐。跟女友共一把雨伞，该是一种美丽的合作吧。最好是初恋，有点兴奋，更有点不好意思，若即若离之间，雨不妨下大一点。真正初恋，恐怕是兴奋得不需要伞的，手牵手在雨中狂奔而去，把年轻的长发和肌肤交给漫天的淋淋漓漓，然后向对方的唇上颊上尝凉凉甜甜的雨水。不过那要非常年轻且激情，同时，也只能发生在法国的新潮片里吧。

大多数的雨伞想不会为约会张开。上班下班，上学放学，菜市来回的途中。现实的伞，灰色的星期三。握着雨伞，他听那冷雨打在伞上。索性更冷一些就好了，他想。索性把湿湿的灰雨冻成干干爽爽的白雨，六角形的结晶体在无风的空中回回旋旋地降下来。等须眉和肩头白尽时，伸手一拂就落了。二十五年，没有受故乡白雨的祝福，或许发上下一点白霜是一种变相的自我补偿吧。一位英雄，经得起多少次雨季？他的额头是水成岩削成还是火成岩？他的心底究竟有多厚的苔藓？厦门街的雨巷走了二十年与记忆等长，一座无瓦的公寓在巷底等他，一盏灯在楼上的雨窗子里，等他回去，向晚餐后的沉思冥想去整理青苔深深的记忆。

前尘隔海。古屋不再。听听那冷雨。

⊙ 阅读思考

一、通读全文，思考作者为什么要选择"雨"来作为情感的依托？又为什么要强调"冷"字？

二、选取一些描写"听雨"的语句，品味余光中散文的语言之美。

《杂诗三首》

一、诗人常年客居在外，难得见到一位同乡，但他却没有向老乡询问家人近况或家中之事，反而问起窗前那株梅花是否开放。这是否符合生活的逻辑？

寒梅让诗人想起了从前在故乡时与家人在一起的种种往事，寒梅在这里就不仅仅是植物，而是故乡和家人的代名词。诗人问寒梅的开落，包含了其对故乡和家人浓烈的思念之情。

二、陈贻焮先生在《王维诗选》中说："这三首诗虽然各自成章，而意思又互有关联，因此不能将它们分割开来解释。"你如何理解这句话？

这三首诗歌，第一首诗写思妇怀念在江南某地的丈夫，渴盼收到丈夫的书信；第二首诗写客居他乡的游子思念家人，遇到来自故乡的人，借问寒梅的开落来探问家乡的近况；第三首诗主要以思妇的视角，回答了远方丈夫有关梅花开落的问题。因此我们可以看到，这三首诗虽然各自独立，但又有着关联，前后构成了因果关系，构成了主题统一的一组诗。

《苏幕遮》

一、王国维认为这首词中"水面清圆，一一风荷举"两句，是"最能得荷之神理者"，词人是如何描写"荷之神理"的？

①"清圆"写出了雨过天晴后的荷叶的清新与圆润；

②"一一"描摹出了水面上的荷叶疏密有致、错落起伏的特点；

③"风"描绘出了夏风吹过荷塘，荷叶摇曳生姿的特点；

④"举"字展现了荷花在荷塘中身姿挺拔、纤细修长的特点。

二、从结构上讲，本首词上片与下片分别写景、抒情，层次分明，但是景与情之间关联密切，词人是如何做到这一点的？请简要分析。

作者选取了"风荷"这一典型的意象，贯通词作的始终。上片写景，描写雨过天晴的荷塘景象，借由眼前的景象，又转入虚写，联想到自己家乡的荷花，进而转入对"芙蓉浦"的描写，抒发自己的思乡之情。

《边界望乡》

一、这首诗中，诗人使用了"杜鹃""白鹭""鹧鸪"这三个古典诗歌中经典的意象，思考诗人借这些意象分别表达了怎样的情感？

①杜鹃。在传说中，杜鹃不分日夜悲鸣，啼出血方止，常常被用来指代极度悲伤的心情，诗人用"蹲在告示牌后面咯血"一句抒发了自己思念故土，但又无法回乡的伤感之情。

②白鹭。白鹭羽毛多为白色，形体修长，时而水边觅食，时而翱翔天空。白鹭在古诗中往往象征着自由与高洁。诗人用"白鹭从水田惊起，飞越深圳"一句来表达自己渴望飞回故土的热望，"又猛然折了回来"一句则表达了诗人无法实现这一愿望的感伤之情。

③鹧鸪。鹧鸪的鸣叫哀婉凄凉，容易引发游子满腹的离情别

恨。诗人写"鹧鸪以火发音，那冒烟的啼声"使自己"双目尽赤，血脉贲张"，表达了自己在边界望故乡时热烈沸腾的情感。

二、结合写作背景，说说"望远镜中扩大数十倍的乡愁"的妙处。

乡愁本是抽象的情感，在这里作者借用望远镜，让乡愁变得具体可感，"扩大数十倍"，能让读者感受到作者对故土的思念之深之广。

《想北平》

一、作者历数北平的种种好处，越数越想念，最后不禁发出感慨："好，不再说了吧；要落泪了，真想念北平呀！"这一结尾有何妙处？

①内容上：结尾朴素而自然，直接抒发自己的内心情感，表达了作者对故乡的热切思念之情。

②结构上：结尾与第二段的"只有独自微笑或落泪才足以把内心揭露在外面一些来"前后照应，使整篇文章浑然一体。

二、北平是古都，这里有宏伟的故宫，巍峨的长城，美丽的颐和园……可写的东西实在是太多太多，可是作者为什么只写了一些平凡的事物呢？

①老舍的创作有浓郁的平民趣味，这也决定他在写北平的时候，放弃了那些宏大的事物，而选取了细小的事物。

②老舍出身于贫穷的旗人家庭，更了解市民的日常生活，对这些平凡的事物有着更深的感情。

③老舍对平凡事物的细致书写，体现了他对北平的记忆之深切，更加表明了他与北平的密切关系。

《听听那冷雨》

一、通读全文，思考作者为什么要选择"雨"来作为情感的依托？又为什么要强调"冷"字？

①本文中描写的雨是细密绵长的，能很好地契合作者内心那种细腻绵长的思乡之情。

②"冷"字不仅精准表现了雨给人带来的感受是冰冷潮湿的，而且能够将内心中凄凉惆怅的情感传达出来，所以作者要强调"冷"字。

二、选取一些描写"听雨"的语句，品味余光中散文的语言之美。

①作者运用比喻、拟人等丰富多样的修辞手法，增强了作品的表现力。比如第三段中"据说住在竹楼上面，急雨声如瀑布，密雪声比碎玉"一句，运用了比喻的修辞手法，形象地表现了雨的急骤；第五段中"雨来了，雨来的时候瓦这么说，一片瓦说千亿片瓦说，说轻轻地奏吧沉沉地弹，徐徐地叩吧挞挞地打"一句，运用了拟人的修辞手法，用"说""奏""弹""叩""打"等人格化的动作，赋予雨以生命。

②作者在句式的选择上灵活多变，长短结合，极具变化之美。比如第六段中"雨是一种单调而耐听的音乐是室内乐是室外乐，户内听听，户外听听，冷冷，那音乐。……回忆江南的雨下得满地是江湖下在桥上和船上，也下在四川在秧田和蛙塘，下肥了嘉陵江下湿了布谷咕咕的啼声……"短句简洁利落，长句文字密集、意象丰富，长短结合，有参差变化之美。

③作者使用大量叠词，既强化了文章的音乐性，也描摹出了事物的特征。比如第二段中"点点滴滴，滂滂沱沱，淅沥淅沥淅沥"这一组叠词的使用，使得雨的形象具体可感，同时也具有一

种音韵之美，读来是一种享受；比如第四段中"至于雨敲在鳞鳞
千瓣的瓦上，由远而近，轻轻重重轻轻，夹着一股股的细流沿瓦
槽与屋檐潺潺泻下……"这一句中叠词的使用，形象写出了雨声
的特点。

写景记游

大自然是人类生活的环境，是人类赖以生存的基础，人对大自然的情怀与生俱来。人们常常游历山川，置身青山绿水中，寄情山水之间，欣赏自然千姿百态的美，也留下了大量写景记游的名篇佳作。阅读感受描写景物之美的文字，可以激发我们对大自然、对人生的热爱。

本单元所选山水游记类写景的文章，或清幽雄奇，或秀丽淡雅，或雄浑壮阔……文中的山水胜景熏陶滋养着一个又一个心灵。让我们一起细细品读，陶醉其间，忘情于天地大美之中。

学习本单元，宜展开想象的翅膀，力求身临其境，感受作者心灵的震动，体会作品描述的美景，由此进入一种审美境界。对文章精彩的语句，不妨作一些圈点批注，写下你的心得；对那些美妙的段落，要反复朗读，熟读成诵，逐步增强对这类文章的鉴赏能力。

单元学习任务

一、写景的方式多种多样，学完本单元后，请你整理归纳景物的描写方法。

二、我们常常外出旅行，去感受自然之美。有没有一处美景胜地让你倘佯沉醉，念念不忘呢？请你查阅相关资料，并结合自己的游历感受，写一篇导游解说词。

作品研读

宋诗两首

→ **作者简介**　梅尧臣（1002—1060），字圣俞，世称宛陵先生，宣州宣城（今安徽省宣城市宣州区）人。与苏舜钦齐名，时号"苏梅"，又与欧阳修并称"欧梅"。写诗主张写实，所作力求平淡、含蓄，被南宋刘克庄誉为宋诗的"开山祖师"。

曾巩（1019—1083），字子固，江西南丰人。北宋文学家、史学家、政治家。曾巩文学成就突出，其文"古雅、平正、冲和"，位列唐宋八大家，世称"南丰先生"。

鲁山山行①

梅尧臣

适②与野情惬，千山高复低。

好峰随处改，幽径独行迷。

霜落熊升树，林空鹿饮溪。

人家在何许，云外一声鸡。

---

① 张鸣选注《宋诗选》，人民文学出版社，2004，第75-76页。此诗为宋仁宗康定元年（1040年）梅尧臣知襄城县时所作。鲁山又名露山，位于河南省鲁山县东北，接近襄城县西南边境。

② 适：恰好。

甘露寺多景楼①
曾巩

欲收嘉景此楼中，徒倚阑干四望通。

云乱水光浮紫翠，天含山气入青红。

一川钟呗②淮南③月，万里帆樯海外风。

老去衣衿尘土在，只将心目羡冥鸿④。

❑ **阅读思考**

一、有人评论《鲁山山行》"句句如画，引人入胜，尾句尤有远致"。请赏析本诗尾联。

二、《甘露寺多景楼》颔联中的"浮""入"二字尤为精妙，请赏析这两个字的妙处。

三、两首诗歌都描写了美丽的山川景色，面对胜景，作者的情感是否相同？请结合诗句简要分析。

---

① 《曾巩集》卷七，陈杏珍点校，中华书局，2018，第176页。甘露寺多景楼，在今江苏镇江北固亭山上。

② 钟呗：寺庙中的钟声和僧人诵经声。呗，梵文意为赞颂，歌咏。

③ 淮南：镇江宋属淮南东路。

④ 心目羡冥鸿：化用扬雄《法言·问明（卷六）》中"鸿飞冥冥"语，及嵇康《赠秀才入军》中"目送归鸿，手挥五弦，俯仰自得，游心太玄"意。

浣花溪记①

➡️ **作者简介**　钟惺（1574—1624），明代文学家。字伯敬，号退谷，万历三十八年（1610 年）进士。曾任工部主事，不久辞官归乡，闭户读书，晚年入寺院。

出成都南门，左为万里桥②。西折纤秀长曲，所见如连环、如玦③、如带、如规④、如钩；色如鉴、如琅玕、如绿沉瓜⑤，窈然⑥深碧，潆回⑦城下者，皆浣花溪委⑧也。然必至草堂⑨，而后浣花有专名，则以少陵⑩浣花居在焉耳。

---

①　赵伯陶选注《明文选》，人民文学出版社，2020，第 326-329 页。浣花溪又称百花潭，在成都西部，唐朝大诗人杜甫曾卜居于此，并在溪畔建有草堂。

②　万里桥：在今四川成都市南，旧名长星桥。传说三国时蜀国费祎（yī）出使吴国，诸葛亮在这里替他饯行说："万里之行始于此。"因此改称万里桥。

③　玦（jué）：环形而有缺口的玉佩

④　规：画圆形的工具。这里指圆弧状。

⑤　色如鉴、如琅玕、如绿沉瓜：颜色像镜子，像美丽的石头，像深绿色的瓜。鉴，镜子。琅玕，美石，诗人多以青琅玕来比竹。绿沉瓜，一种深绿色的瓜，史载梁武帝西苑食绿沉瓜。

⑥　窈（yǎo）然：幽深的样子。

⑦　潆（yíng）回：水流回旋的样子。

⑧　委：江河下游。

⑨　草堂：杜甫寓居成都时，曾在浣花溪畔盖了一所草堂。

⑩　少陵：指杜甫，他在诗中自称"少陵野老"。浣花居，在浣花溪的住宅，就是草堂。

　　行三四里为青羊宫①，溪时远时近。竹柏苍然②，隔岸阴森者尽溪，平望如荠③。水木清华④，神肤洞达⑤。自宫以西流汇而桥者三⑥相距各不半里。舁夫⑦云通灌县⑧，或所云"江从灌口来"⑨是也。

　　人家住溪左，则溪蔽不时见，稍断则复见溪。如是者数处，缚柴编竹⑩，颇有次第。桥尽，一亭树道左，署曰"缘江路"。过此则武侯祠⑪。祠前跨溪为板桥一，覆以水槛⑫，乃睹"浣花溪"题榜。过桥，一小洲横斜插水间如梭，溪周之，非桥不通，置亭其上，题曰"百花潭水"。由此亭还，度桥，过梵安寺⑬，始为杜工部祠⑭。像颇清古，不必求肖，想当尔尔⑮。石刻像一，附以本传，何仁仲别驾⑯署华阳时所为也。碑皆不堪读。

---

　　① 青羊宫：道观名，在今四川成都市西南浣花溪附近。传说是老子与关尹喜约见的地方，明初蜀王朱椿重建。

　　② 苍然：幽深碧绿的样子。

　　③ 平望如荠：平望过去，树木像荠菜一样。平望，平视。

　　④ 水木清华：水光树色清幽美丽。

　　⑤ 神肤洞达：指清新舒爽。

　　⑥ 流汇而桥者三：溪水所流经的桥有三座。

　　⑦ 舁（yú）夫：抬轿子的人。舁，抬。

　　⑧ 灌县：今四川灌县。

　　⑨ 江从灌口来：这是杜甫《野望固过常少仙》中的诗句。江，指锦江。锦江发源于郫县，流经成都城南，是岷江的支流。岷江发源于岷山羊膊岭，从灌县东南流经成都附近，纳锦江。故上文说"通灌县"。灌口，灌县古为灌口镇，西北有灌口山。

　　⑩ 缚柴编竹：用柴竹做门墙。

　　⑪ 武侯祠：诸葛亮祠，因其生前为武乡侯，故世人将其称为武侯祠。

　　⑫ 水槛：临水的栏杆。

　　⑬ 梵安寺：在今成都市南，本名浣花寺，宋改梵安寺，因与杜甫草堂相近，俗称草堂寺。

　　⑭ 杜工部祠：宋人吕大防就杜甫草堂故址建祠，因杜甫曾任工部员外郎，称杜工部祠。

　　⑮ 想当尔尔：谓想象中的杜甫大概是这个样子。尔尔，如此。

　　⑯ 何仁仲：万历时为夔州通判。别驾，即通判。

钟子曰：杜老二居，浣花清远，东屯险奥，各不相袭。严公①不死，浣溪可老，患难之于朋友大矣哉！然天遣此翁增夔门一段奇耳。穷愁奔走，犹能择胜，胸中暇整②，可以应世，如孔子微服主司城贞子③时也。

时万历辛亥十月十七日，出城欲雨，顷之霁。使客④游者，多由监司⑤郡邑招饮，冠盖稠浊，磬折⑥喧溢，迫暮趣⑦归。是日清晨，偶然独往。楚人⑧钟惺记。

● 阅读思考

一、本文作者的行文线索是什么？作者笔下的浣花溪呈现出怎样的特点？

二、古代文人常常"寄情山水"，请结合文章具体内容，说说作者在文中寄寓了怎样的情感？

---

① 严公：指严武。严武任剑南节度使和成都尹时，杜甫漂泊四川在浣花溪构筑草堂，安居了几年。代宗永泰元年（765 年）四月，严武死，杜甫无所依靠，于是离开成都东下。

② 暇整：即"好整以暇"，形容遇事从容不迫。《左传·成公十六年》："日臣之使于楚也，子重问晋国之勇，臣对曰：'好以众整。'曰：'又何如？'臣对曰：'好以暇。'"

③ 孔子微服主司城贞子：据说孔子在周游列国时，遭遇狼狈，如丧家之犬，后到了陈国，住大夫司城贞子家。

④ 使客：朝廷派的使臣。

⑤ 监司：监察州郡的官。

⑥ 磬折：身形屈折如磬，这里指热衷于官场的人弯腰敬礼的情状。磬，一种曲尺形的打击乐器。

⑦ 趣（cù）：同"促"，急速。

⑧ 楚人：竟陵战国时为楚地，因此钟惺自称楚人。

松堂游记①

⇨ 作者简介 朱自清（1898—1948），原名自华，号实秋，后改名自清，字佩弦。原籍浙江绍兴，出生于江苏省东海县（今连云港市东海县平明镇），后随父定居扬州。中国现代散文家、诗人、学者、民主战士。

去年夏天，我们和S君夫妇在松堂住了三日。难得这三日的闲，我们约好了什么事不管，只玩儿，也带了两本书，却只是预备闲得真没办法时消消遣的。

出发的前夜，忽然雷雨大作。枕上颇为怅怅，难道天公这么不做美吗！第二天清早，一看却是个大晴天。上了车，一路树木带着宿雨，绿得发亮，地下只有一些水塘，没有一点尘土，行人也不多。又静，又干净。

想着到还早呢，过了红山头不远，车却停下了。两扇大红门紧闭着，门额是国立清华大学西山牧场。拍了一会门，没人出来，我们正在没奈何，一个过路的孩子说这门上了锁，得走旁门。旁门上接着牌子，"内有恶犬"。小时候最怕狗，有点趑趄。门里有人出来，保护着进去，一面吆喝着汪汪的群犬，一面只是说，"不碍不碍"。

过了两道小门，真是豁然开朗，别有天地。一眼先是亭亭直

---

① 朱自清：《背影：朱自清经典散文集》，台海出版社，2020，第187–189页。

上，又刚健又婀娜的白皮松。白皮松不算奇，多得好，你挤着我我挤着你也不算奇，疏得好，要像住宅的院子里，四角上各来上一棵，疏不是？谁爱看？这儿就是院子大得好，就是四方八面都来得好。中间便是松堂，原是一座石亭子改造的，这座亭子高大轩敞，对得起那四围的松树，大理石柱，大理石栏杆，都还好好的，白，滑，冷。白皮松没有多少影子，堂中明窗净几，坐下来清清楚楚觉得自己真太小。在这样高的屋顶下。树影子少，可不热，廊下端详那些松树灵秀的姿态，洁白的皮肤，隐隐的一丝儿凉意便袭上心头。

堂后一座假山，石头并不好，堆叠得还不算傻瓜。里头藏着个小洞，有神龛①，石桌，石凳之类。可是外边看，不仔细看不出，得费点心去发现。假山上满可以爬过去，不顶容易，也不顶难。后山有座无梁殿，红墙，各色琉璃砖瓦，屋脊上三个瓶子，太阳里古艳照人。殿在半山，岿然②独立，有俯视八极气象。天坛的无梁殿太小，南京灵谷寺的太黯淡，又都在平地上。山上还残留着些旧碉堡，是乾隆打金川时在西山练健锐云梯营用的，在阴雨天或斜阳中看最有味。又有座白玉石牌坊，和碧云寺塔院前那一座一般，不知怎样，前年春天倒下了，看着怪不好过的。

可惜我们来的还不是时候，晚饭后在廊下黑暗里等月亮，月亮老不上，我们什么都谈，又赌背诗词，有时也沉默一会儿。黑暗也有黑暗的好处，松树的长影子阴森森的有点像鬼物拿土。但是这么看的话，松堂的院子还差得远，白皮松也太秀气，我想起郭沫若君《夜步十里松原》那首诗，那才够阴森森的味儿——而且得独自一个人。好了，月亮上来了，却又让云遮去了一半，老

---

① 神龛（shén kān）：旧时供奉神像或神主的小阁子。

② 岿然（kuī rán）：形容高大独立的样子。

远地躲在树缝里，像个乡下姑娘，羞答答的。从前人说："千呼万唤始出来，犹抱琵琶半遮面。"真有点儿！云越来越厚，由他罢，懒得去管了。可是想，若是一个秋夜，刮点西风也好。虽不是真松树，但那奔腾澎湃的"涛"声也该得听吧。

西风自然是不会来的。临睡时，我们在堂中点上了两三支洋蜡。怯怯的焰子让大屋顶压着，喘不出气来。我们隔着烛光彼此相看，也像蒙着一层烟雾。外面是连天漫地一片黑，海似的。只有远近几声犬吠，教我们知道还在人间世里。

🔵 阅读思考

一、本文为写景记游的文章，读后却有跌宕起伏之感，颇有意趣。试在文章中找出几例，并分析。

二、文章第六段提到了郭沫若的诗，如此安排有何妙处？请结合文章简要分析。

宋诗两首：

一、有人评论《鲁山山行》"句句如画，引人入胜，尾句尤有远致"。请赏析本诗尾联。

①"人家在何许，云外一声鸡"写诗人在山中行走了很久，盼望着能够在山水间找到一处人家歇息一下，恰在这时，云外传来一声鸡叫，仿佛是有意回答诗人的提问："这里有人家，快来休息吧！"

②通过这两句诗，"山行"者望云闻鸡的神态及其喜悦心情都跃然可见、宛然可想。

③尾联又与首句的"适与野情惬"遥相对应，使前面所见的萧索幽静之景并不显得寂寞，并且可知诗人在鲁山的游赏并未就此结束，更有未尽之意。

二、《甘露寺多景楼》颔联中的"浮""入"二字尤为精妙，请赏析这两个字的妙处。

①"浮"意为浮着，泛着。云影在微风吹拂的水波之上泛着紫色和翠色，波光云影的迷离掩不住巍峨的宫观，写出多景楼的壮观。

②"入"意为进入。青色和红色进入满是山中云雾的天空之中，刻画出晚霞同山峦在夕阳下呈现出的青红相间之景。

③诗人抓住了富有特色的景物，构成了一幅色彩明丽、山川掩映的壮阔画面，给读者以美的享受。

三、两首诗歌都描写了美丽的山川景色，面对胜景，作者的情感是否相同？请结合诗句简要分析。

不同。①《鲁山山行》语言朴素，运用丰富的意象，动静结合，写诗人在深秋时节在鲁山中的所见，描绘了一幅斑斓多姿的山景图，表达出作者爱好山野风光的志趣，表现了当时作者心满意足的心情，写出了诗人的闲情惬意。②《甘露寺多景楼》写登楼所见的壮阔江山景色，抒发了作者触景而生的不已壮心和高旷情怀。诗人化用其意，说自己尽管身世蹭蹬，却仍在注目艳羡那远翔天宇的飞鸿，体现了诗人的远大抱负。

《浣花溪记》

一、本文作者的行文线索是什么？作者笔下的浣花溪呈现出怎样的特点？

线索：①首先，文章以作者游览浣花溪的顺序为线索展开描写。②第一段写出了浣花溪的方位。第二段作者描写青羊宫附近的浣花溪景色。第三段作者从"缘江路"亭、武侯祠、"浣花溪"题榜、小洲上面"百花潭水"亭子、梵安寺依次前行，最后来到目的地杜工部祠堂。

浣花溪特点：①浣花溪蜿蜒曲折。"如连环、如玦、如带、如规、如钩"五个比喻，生动形象地描写了浣花溪溪水蜿蜒曲折的外形。②溪水清澈碧绿。"色如鉴、如琅玕、如绿沉瓜"比喻水色像明镜、像碧玉、像浓绿色的瓜，生动描写出溪水清澈透明、莹然如镜而又澄碧柔美的特点。③浣花溪周边环境清幽：青竹翠柏郁郁葱葱，对岸浓荫森森。水光树色，清幽而明丽，见者神清气爽。

二、古代文人常常"寄情山水"，请结合文章具体内容，说说作者在文中寄寓了怎样的情感？

①作者写浣花溪的环境幽远、沿溪平旷开阔，溪旁人家错落有致，表达出作者对浣花溪胜地的热爱。②写夔州东屯的险僻，叙说严公杜老的患难真情，表达了对在艰难潦倒时流离奔波，却仍能选择胜地处身的杜甫的崇敬之情。③用"诗圣"与"孔圣"相比，层层推进，赞叹杜甫的忧国忧民胸怀。④文末用自己"偶然独往"同"使客游者"的附庸风雅、冠盖喧哗相比照，表达了作者对附庸风雅的达官显贵的嘲讽和鄙视。并衬之以"是日清晨，偶然独往"，烘托出作者的孤独之感。

《松堂游记》

三、本文为写景记游的文章，读后却有跌宕起伏之感，颇有意趣。试在文章中找出几例，并分析。

①作者在出发的前夜，因忽然雷雨大作而怅然。但是第二天清早，一看却是个大晴天。②进门时，颇费周折，遇到恶犬，心中不快。但是过了两道小门，却又豁然开朗。③晚上想赏月，可月亮老不上来，等了好久月亮上来了，却又让云遮去一半，躲在树缝里像个姑娘，羞答答的。却有古诗"千呼万唤始出来，犹抱琵琶半遮面"的妙趣。（意思大致相同即可）

四、文章第六段提到了郭沫若的诗，如此安排有何妙处？请结合文章简要分析。

①手法上，运用对比手法，将诗中"十里松原中无数的古

松"和松堂院子里的白皮松进行对比，说明松堂的院子那时并不是最黑暗的，还没有达到"松树的长影子阴森森的有点像鬼物拿土"的氛围。②内容上，这样写使文章内容丰富、生动有趣。③结构上，起到承上启下的作用，上承"黑暗也有黑暗的好处，松树的长影子阴森森的"，下启"月亮上来了，却又让云遮去了一半，老远的躲在树缝里，使文章前后衔接更加自然。

诗意人生

德国诗人荷尔德林曾说过："人充满劳绩，但还诗意地栖居于大地之上。"我们漂流于生命的长河之中，难免遭遇苦痛与忧愁的暗流，以诗意之心扬起人生之帆，可以帮助我们跨越艰难险阻，驶向理想与幸福的彼岸。

本单元汇集了不同时期、不同地区、不同文体的名家作品，展现了诗意人生的多种内涵。陶渊明在"吾亦爱吾庐"中讲述耕读之乐，苏轼在细雨斜风中品味人生清欢，梭罗在瓦尔登湖感受自然之趣，川端康成在凝视海棠时体悟生命之美。

学习本单元，要掌握古诗词鉴赏的基本方法，感悟人生乐趣，传承优秀传统文化。还要关注抒情散文中自然景物的描写，学习情景交融的写作手法，感受作品的语言魅力与思想光芒。

单元学习任务

一、本单元所选的作品包括了不同作者对"诗意人生"的理解与感悟，经过本单元的学习，你如何理解"诗意人生"的内涵？请将你的感悟与同学交流。

二、优秀的写景抒情散文描写的景物，既在我们身边，又能挖掘出我们平常生活中不易发现的美。请你仔细观察身边的景物，结合自己的思考和感悟，写一篇抒情性的散文。

作品研读

读山海经·其一①

陶渊明

➡作者简介 陶渊明（约365—427），名潜，字元亮，别号五柳先生，私谥靖节，世称靖节先生。东晋末到刘宋初，浔阳柴桑（今江西九江）人。曾任江州祭酒、建威参军、镇军参军、彭泽县令等官职，最后一次出仕为彭泽县令，仅仅八十多天便解印辞官，归隐田园。被誉为"隐逸诗人之宗""田园诗派之鼻祖"，有《陶渊明集》。

孟夏②草木长，绕屋树扶疏③。

众鸟欣有托，吾亦爱吾庐。

既耕亦已种，时还读我书。

穷巷隔深辙④，颇回故人车。

欢言酌春酒，摘我园中蔬。

微雨从东来，好风与之俱。

---

① 袁行霈：《陶渊明集笺注》，中华书局，2003，第393页。这组诗大约作于晋安帝义熙三年（407）或四年（408），陶渊明归园田居前期。《山海经》：一部记述古代山川异物、神话传说的书。《读山海经》共十三首组诗，本诗为第一首。

② 孟夏：初夏，农历四月。

③ 扶疏：枝叶茂盛纷披的样子。

④ 深辙：大车所轧之痕迹，此代指贵者所乘之车。

泛览《周王传》①，流观《山海图》。

俯仰②终宇宙，不乐复何如？

➲ 阅读思考

一、这首诗用简洁真挚的语言，赞美了宇宙中无限的乐趣。请结合诗句谈一谈诗人获得了什么乐趣。

二、有人说"泛览""流观"说的是读书不求甚解，因为诗人摒弃了对功利的追求，所以读得心不在焉。你同意这种观点吗？请结合诗歌说明理由。

---

① 周王传：指《穆天子传》，记载了有关周穆王的传说。
② 俯仰：俯仰之间，指时间短暂。

浣溪沙·细雨斜风作晓寒①

⟶作者简介　苏轼（1037—1101），字子瞻，号东坡居士。北宋文学家、书法家、画家，眉州眉山（今四川眉山）人，祖籍河北栾城。宋神宗元丰三年（1080 年），因"乌台诗案"被贬为黄州团练副使。宋哲宗即位后任翰林学士、侍读学士、礼部尚书等职，晚年因新党执政被贬惠州、儋州。宋徽宗时获赦，途中于常州病逝。作品有《东坡七集》《东坡易传》《东坡乐府》等。

元丰七年十二月二十四日，从泗州刘倩叔游南山②

细雨斜风作晓寒，淡烟疏柳媚③晴滩。入淮清洛渐漫漫④。

雪沫乳花⑤浮午盏，蓼茸蒿笋试春盘⑥。人间有味是清欢。

---

① 苏轼：《东坡乐府笺》，（清）朱孝臧编年，龙榆生校注，朱怀春标点，上海古籍出版社，2009，第 240 页。本词是元丰七年（1084 年）三月，苏轼被命迁汝州团练副使，途径泗州所作。

② 刘倩叔：其人不详。其父曾知眉州，故同游南山。南山，在泗州东南，景色清旷，宋米芾称其为淮北第一山。

③ 媚：美好。此处是使动用法。

④ 漫漫：水势浩大。

⑤ 雪沫乳花：形容煎茶时上浮的白泡。宋人以茶泡制成白色为贵。

⑥ 蓼（liǎo）茸：蓼菜嫩芽。一作"蓼芽"。春盘：旧俗，立春时用蔬菜水果、糕饼等装盘馈赠亲友。

⊃ 阅读思考

一、本词色彩清丽，境界开阔，语言精炼生动。请简析"淡烟疏柳媚晴滩"中"媚"字的妙处。

二、"人间有味是清欢"这一句富有哲理性的诗句，能激发我们无尽的思考。"清欢"是什么？请联系生活实际谈谈你的想法。

瓦尔登湖（节选）①

➡️**作者简介** 亨利·戴维·梭罗（1817—1862），美国作家、哲学家，超验主义代表人物，也是一位废奴主义及自然主义者。毕业于哈佛大学，曾协助爱默生编辑评论季刊《日晷》，其思想深受爱默生影响，提倡回归本心、亲近自然。1845 年，在瓦尔登湖畔隐居两年，自耕自食，体验接近自然的生活，并据此写成了长篇散文《瓦尔登湖》。《瓦尔登湖》记载了他在瓦尔登湖的隐逸生活。

一个湖是风景中最美、最有表情的姿容。它是大地的眼睛，望着它的人可以测出他自己的天性的深浅。湖所产生的湖边的树木是睫毛一样的镶边，而四周森林蓊郁的群山和山崖是它的浓密突出的眉毛。

我第一次划船在瓦尔登湖上的时候，它四周完全给浓密而高大的松树和橡树围起，有些山凹中，葡萄藤爬过了湖边的树，形成一些凉亭，船只可以在下面通过。形成湖岸的那些山太峻峭，山上的树木又太高，所以从西端望下来，这里像一个圆形剧场，水上可以演出些山林的舞台剧。我年纪轻一点的时候，就在那儿消磨了好些光阴，像和风一样地在湖上漂浮过，我先把船划到湖

---

① 亨利·戴维·梭罗：《瓦尔登湖》，徐迟译，人民文学出版社，2019，第 213-217 页。

心，而后背靠在座位上，在一个夏天的上午，似梦非梦地醒着，直到船撞在沙滩上，惊动了我，我就欠起身来，看看命运已把我推送到哪一个岸边来了；那种日子里，懒惰是最诱惑人的事业，它的产量也是最丰富的。我这样偷闲地过了许多个上午。我宁愿把一日之计在于晨的最宝贵的光阴这样虚掷；因为我是富有的，虽然这话与金钱无关，我却富有阳光照耀的时辰以及夏令的日月，我挥霍着它们；我并没有把它们更多地浪费在工场中，或教师的讲台上，这我一点儿也不后悔。可是，自从我离开这湖岸之后，砍伐木材的人竟大砍大伐起来了。从此要有许多年不可能在林间的甬道上徜徉了，不可能从这样的森林中偶见湖水了。我的缪斯女神①如果沉默了，她是情有可原的。森林已被砍伐，怎能希望鸣禽歌唱？

现在，湖底的树干，古老的独木舟，黑魆魆的四周的林木，都没有了，村民本来是连这个湖在什么地方都不知道的，却不但没有跑到这湖上来游泳或喝水，反而想到用一根管子来把这些湖水引到村中去给他们洗碗洗碟子了。这是和恒河之水一样的圣洁的水！而他们却想转动一个开关，拔起一个塞子就利用瓦尔登的湖水了！这恶魔似的铁马，那裂破人耳的鼓膜的声音已经全乡镇都听得到了，它已经用肮脏的脚步使沸泉的水混浊了，正是它，它把瓦尔登岸上的树木吞噬了；这特洛伊木马②，腹中躲了一千个人，全是那些经商的希腊人想出来的！哪里去找呵，找这个国家的武士，摩尔大厅的摩尔人③，到名叫"深割"的最深创伤的

① 缪斯女神：希腊神话中主司艺术与科学的九位古老文艺女神的总称。
② 特洛伊木马：希腊人攻特洛伊城，久攻不下，全军撤走，只留下一只木马。特洛伊人将木马曳入城中，不知其中藏有将士。攻城大军又至，里应外合，特洛伊城被攻破。
③ 摩尔人：英国民谣中杀死一条龙的英雄。

地方去掷出复仇的投枪，刺入这傲慢瘟神的肋骨之间？

然而，据我们知道的一些角色中，也许只有瓦尔登坚持得最久，最久地保持了它的纯洁。许多人都曾经被譬喻为瓦尔登湖，但只有少数几个人能受之无愧。虽然伐木的人已经把湖岸这一段和那一段的树木先后砍光了，爱尔兰人也已经在那儿建造了他们的陋室，铁路线已经侵入了它的边境，冰藏商人已经取过它一次冰，它本身却没有变化，还是我在青春时代所见的湖水；我反倒变了。它虽然有那么多的涟漪，却并没有一条永久性的皱纹。它永远年轻，我还可以站在那儿，看到一只飞燕坦然扑下，从水面衔走一条小虫，正和从前一样。今儿晚上，这感情又来袭击我了，仿佛二十多年来我并没有几乎每天都和它在一起厮混过一样，——啊，这是瓦尔登，还是我许多年之前发现的那个林中湖泊；这儿，去年冬天被砍伐了一个森林，另一座林子已经跳跃了起来，在湖边依旧奢丽地生长；同样的思潮，跟那时候一样，又涌上来了；还是同样水露露的欢乐，内在的喜悦，创造者的喜悦，是的，这可能是我的喜悦。这湖当然是一个大勇者的作品，其中毫无一丝一毫的虚伪！他用他的手围起了这一泓湖水，在他的思想中，予以深化，予以澄清，并在他的遗嘱中，把它传给了康科德。我从它的水面上又看到了同样的倒影，我几乎要说了，瓦尔登，是你吗？

这不是我的梦，
用于装饰一行诗；
我不能更接近上帝和天堂
甚于我之生活在瓦尔登。
我是它的圆石岸，
飘拂而过的风；
在我掌中的一握，

是它的水，它的沙，

而它的最深邃僻隐处

高高躺在我的思想中。

火车从来不停下来欣赏湖光山色；然而我想那些司机，火夫，制动手和那些买了月票的旅客，常看到它，多少是会欣赏这些景色的。司机并没有在夜里忘掉它，或者说他的天性并没有忘掉它，白天他至少有一次瞥见这庄严、纯洁的景色。就算他看到的只有一瞥，这却已经可以洗净国务街和那引擎上的油腻了。有人建议过，这湖可以称为"神的一滴"。

🔾 阅读思考

一、你如何理解"一个湖是风景中最美、最有表情的姿容。它是大地的眼睛，望着它的人可以测出他自己的天性的深浅"这一句话？

二、文章的结尾处说："有人建议过，这湖可以称为'神的一滴'。""神的一滴"有何丰富含义？

花未眠①

川端康成

⟳作者简介　川端康成（1899—1972），日本新感觉派作家、小说家。毕业于东京大学，一生创作 100 多篇小说，其作品富抒情性，追求人生升华的美，并受佛教思想和虚无主义的影响。1968年以《雪国》《古都》《千只鹤》三部代表作获得诺贝尔文学奖。

我常常不可思议地思考一些微不足道的问题。昨日一来到热海②的旅馆，旅馆的人拿来了与壁龛③里的花不同的海棠花。我太劳顿，早早就入睡了。凌晨四点醒来，发现海棠花未眠。

发现花未眠，我大吃一惊。有葫芦花和夜来香，也有牵牛花和合欢花，这些花差不多都是昼夜绽放的。花在夜间是不眠的。这是众所周知的事。可我仿佛才明白过来。凌晨四点凝视海棠花，更觉得它美极了。它盛放，含有一种哀伤的美。

花未眠这众所周知的事，忽然成了新发现花的机缘。自然的美是无限的。人感受到的美却是有限的，正因为人感受美的能力是有限的，所以说人感受到的美是有限的，自然的美是无限的。至少人的一生中感受到的美是有限的，是很有限的，这是我的实

---

①　川端康成：《花未眠——散文选编》，叶渭渠译，广西师范大学出版社，2001，第 119-121 页。

②　热海：位于日本静冈县东部，与神奈川县接壤，此市以温泉而出名。

③　壁龛（kān）：宗教上是指排放佛像的小空间。后常指在墙身上留出的用来作为贮藏设施的空间。

际感受，也是我的感叹。人感受美的能力，既不是与时代同步前进，也不是伴随年龄而增长。凌晨四点的海棠花，应该说也是难能可贵的。如果说，一朵花很美，那么我有时就会不由地自语道：要活下去！

画家雷诺阿说：只要有点进步，那就是进一步接近死亡，这是多么凄惨啊。他又说：我相信我还在进步。这是他临终的话。米开朗基罗①临终的话也是：事物好不容易如愿表现出来的时候，也就是死亡。米开朗基罗享年八十九岁。我喜欢他的用石膏套制的脸型。

毋宁说，感受美的能力，发展到一定程度是比较容易的。光凭头脑想像是困难的。美是邂逅所得，是亲近所得。这是需要反复陶冶的。比如唯一一件的古美术作品，成了美的启迪，成了美的开光，这种情况确是很多。所以说，一朵花也是好的。

凝视着壁龛里摆着的一朵插花，我心里想道：与这同样的花自然开放的时候，我会这样仔细凝视它吗？只搞了一朵花插入花瓶，摆在壁龛里，我才凝神注视它。不仅限于花。就说文学吧，今天的小说家如同今天的歌人一样，一般都不怎么认真观察自然。大概认真观察的机会很少吧。壁龛里插上一朵花，要再挂上一幅花的画。这画的美，不亚于真花的当然不多。在这种情况下，要是画作拙劣，那么真花就更加显得美。就算画中花很美，可真花的美仍然是很显眼的。然而，我们仔细观赏画中花，却不怎么留心欣赏真的花。

李迪、钱舜举也好，宗达、光琳、御舟以及古径也好，许多时候我们是从他们描绘的花画中领略到真花的美。不仅限于花。

---

① 米开朗基罗（1475—1564）：意大利文艺复兴时期最伟大的艺术家之一，擅长雕刻、绘画等。

最近我在书桌上摆上两件小青铜像，一件是罗丹创作的《女人的手》，一件是玛伊约尔创作的《勒达①像》。光这两件作品也能看出罗丹和玛伊约尔的风格是迥然不同的。从罗丹的作品中可以体味到各种的手势，从玛伊约尔的作品中则可以领略到女人的肌肤。他们观察之仔细，不禁让人惊讶。

我家的狗产崽，小狗东倒西歪地迈步的时候，看见一只小狗的小形象，我吓了一跳。因为它的形象和某种东西一模一样。我发觉原来它和宗达所画的小狗很相似。那是宗达水墨画中的一只在春草上的小狗的形象。我家喂养的是杂种狗，算不上什么好狗，但我深深理解宗达高尚的写实精神。

去年岁暮，我在京都观察晚霞，就觉得它同长次郎②使用的红色一模一样。我以前曾看见过长次郎制造的称之为夕暮的名茶碗。这只茶碗的黄色带红釉子，的确是日本黄昏的天色，它渗透到我的心中。我是在京都仰望真正的天空才想起茶碗来的。观赏这只茶碗的时候，我不由地浮现出坂本繁二郎的画来。那是一幅小画。画的是在荒原寂寞村庄的黄昏天空上，泛起破碎而蓬乱的十字型云彩。这的确是日本黄昏的天色，它渗入我的心。坂本繁二郎画的霞彩，同长次郎制造的茶碗的颜色，都是日本色彩。在日暮时分的京都，我也想起了这幅画。于是，繁二郎的画、长次郎的茶碗和真正黄昏的天空，三者在我心中相互呼应，显得更美了。

那时候，我去本能寺拜谒浦卜玉堂的墓，归途正是黄昏。翌日，我去岚山观赏赖山阳刻的玉堂碑。由于是冬天，没有人到岚山来参观。可我却第一次发现了岚山的美。以前我也曾来过几

---

① 勒达：希腊神话中斯巴达国国王之妻。
② 长次郎：即田中长次郎（1516—1592），日本素陶制品的鼻祖。

次，作为一般的名胜，我没有很好地欣赏它的美。岚山总是美的。自然总是美的。不过，有时候，这种美只是某些人看到罢了。

我之所以发现花未眠，大概也是我独自住在旅馆里，凌晨四时就醒来的缘故吧。

阅读思考

一、我们应当亲近那些触动我们审美的事物，去观察并探究他们。当作者发现"花未眠"这一现象时，获得了什么感悟和思考？

二、作者记述了一次发现美、亲近美的经历。在你的生活中，是否也有和作者类似的经历呢？请分享一下你与美"邂逅"的故事。

《读山海经·其一》

一、这首诗用简洁真挚的语言，赞美了宇宙中无限的乐趣。请结合诗句谈一谈诗人获得了什么乐趣。

①身处清幽宁静的环境的乐趣；

②远离世俗，归隐田园的乐趣；

③亲自耕作，亲近自然的乐趣；

④宴请故人，畅饮美酒的乐趣；

⑤驰骋想象，沉浸书卷的乐趣。

二、有人说"泛览""流观"说的是读书不求甚解，因为诗人摒弃了对功利的追求，所以读得心不在焉。你同意这种观点吗？请结合诗歌说明理由。

不同意。本诗后四句"泛览周王传，流观山海图。俯仰终宇宙，不乐复何如"意为：浏览着《周王传》与《山海经图》。在短暂的生命中俯瞰宇宙，还有比这更快乐的体验吗？此四句概述读书活动，抒发读书的感悟。"泛览""流观"的阅读方式表明，陶渊明并非为了追求功利而读书，而是将读书视为一种心灵慰藉。其中，最后两句"俯仰终宇宙，不乐复何如"也体现了读书仍然需要进行深度思考，因此，"泛览"和"流观"更加强调了阅读本身的乐趣，并不是读得心不在焉。

《浣溪沙·细雨斜风作晓寒》

一、本词色彩清丽，境界开阔，语言精炼生动。请简析"淡烟疏柳媚晴滩"中"媚"字的妙处。

诗人运用拟人的修辞手法，"媚"即献媚，赋予淡烟和疏柳以人的妩媚姿态，生动刻画了淡烟和疏柳的迷人风姿。此句描绘了雨后初晴，春光明媚的美好风光，传达了诗人喜悦的心声。

二、"人间有味是清欢"这一句富有哲理性的诗句，能激发我们无尽的思考。"清欢"是什么？请联系生活实际谈谈你的想法。

"人间有味是清欢"意思是：人间的滋味在于清淡的欢愉之中。此句是诗人尝鲜品茶之后的感受，体现了其高雅的生活情趣与超然的人生态度，给读者以美的遐想与沉思。（联系实际，言之成理即可）

《瓦尔登湖（节选）》

一、你如何理解"一个湖是自然风景中最美、最有表情的姿容。它是大地的眼睛，望着它的人可以测出自己天性的深浅"这一句话？

梭罗把瓦尔登湖比作"自然风景中最美、最有表情的姿容"和"大地的眼睛"，因为瓦尔登湖美丽而宁静，庄严而纯洁。梭罗认为，人类的自然本性受到了社会的压抑，被不断增长的欲望所掩盖。瓦尔登湖正如一面可以映照人心的镜子，让我们发现并了解我们真实的内心世界。

二、文章的结尾处说："有人建议过，这湖可以称为'神的一滴'。""神的一滴"有何丰富含义？

①"神的一滴"代表着稀有与珍贵；

②"神的一滴"表现了瓦尔登湖庄严、纯洁的特点；

③"神的一滴"，即神的一滴眼泪，是为世人而流的悲悯之泪，表达了作者对环境恶化的担心与忧虑。

（其他答案合理即可）

《花未眠》

一、我们应当亲近那些触动我们审美的事物，去观察并探究他们。当作者发现"花未眠"这一现象时，获得了什么感悟和思考？

①因为人对美的认知与感受能力是有限的，故而虽然自然之美无穷尽，但人类对它的获取却有局限；

②美是一次偶然的相遇，要亲近美才可获得；

③自然之美与艺术之美密不可分，彼此相融。

二、作者记述了一次发现美、亲近美的经历。在你的生活中，是否也有和作者类似的经历呢？请分享一下你与美"邂逅"的故事。

（联系实际，言之成理即可）

品格志向

单元提示

孔子评价子路："衣敝缊袍，与衣狐貉者立，而不耻者，其由也与？"莎士比亚也说："正像太阳从浓黑的云层中探出头来，高尚的品格也会在破衣烂衫中露面。"中西哲人都强调比外在衣装更重要的是品格与胸襟。

本单元作品文体多样，有语言简练而叙事完整的文言散文，有精致典雅的五言律诗，有借古言今的当代话剧，有情节丰富的长篇小说；同时也兼顾了时代与国别。阅读这些作品，有助于我们了解古今中外不同人对人生价值的不同思考，对自己未来的人生之路的规划也大有裨益。

本单元前两篇是篇幅短小的文言散文与诗歌，要在理解词句基本意义的基础上，把握文章的思想内涵；后两篇是篇幅较长的话剧与小说，要注意梳理基本情节，进而体会其中人物的人格魅力与胸襟志向。

单元学习任务

一、话剧《李白》是当代作家借古代题材表达对当代知识分子个人价值的思考，作者在李白身上发现了对当代人有启发意义的一面。本单元前两篇中的子路和杜甫，对你是否也有启发？在搜集资料的基础上，发挥自己的想象，选择其中一篇，改编成一篇短剧（如果改编《江汉》，可以参考整本话剧《李白》中李白的独白）。

二、莫迪小姐说阿蒂克斯有一颗"文明高贵的心"。你觉得什么是高贵？你在父母或亲友身上是否发现过类似阿蒂克斯那样"文明高贵"的心灵？请与同学交流分享你的想法。

作品研读

子路从而后①

➡作者简介 孔子（前551—前479）名丘，字仲尼，鲁国陬（zōu）邑（今山东曲阜）人。孔子曾为鲁国司寇，不久离开鲁国，率领弟子周游列国，宣传自己的政治主张；晚年返回鲁国，著述讲学并整理文化典籍。孔子是儒家学派的创始人，他的思想以"仁"为核心，对后世影响极大。《论语》是孔子弟子及其再传弟子记录孔子言行的一部语录体散文，是儒家经典之一。"论语"的"论"是"论撰"的意思，"语"是"语言"的意思。《论语》是了解中国古代文化的必读书，中华书局出版的简体版《论语译注》（杨伯峻著）比较适合初学者。

　　子路从而后，遇丈人②，以杖荷蓧③。
　　子路问曰："子见夫子④乎？"
　　丈人曰："四体不勤⑤，五谷不分，孰为夫子？"植其杖

---

① 杨伯峻：《论语译注》，中华书局，2006，第195-197页。题目为编者所加。
② 丈人：对老人的尊称。
③ 荷：用肩担负。蓧（diào），一种除草的农具。
④ 夫子，指孔子。
⑤ 四体：四肢。勤，劳作。

而芸①。

子路拱而立。

止子路宿，杀鸡为黍而食之②，见③其二子焉。

明日，子路行，以告。子曰："隐者也。"使子路反见之。至，则行矣。

子路曰："不仕无义。长幼之节，不可废也；君臣之义，如之何其废之？欲洁其身而乱大伦④。君子之仕也，行其义也。道之不行，已知之矣！"

➲ 阅读思考

一、本文中丈人的故事，成为后世表达隐逸和描写田园的诗文中常见的典故，如选入高中语文教材的《归去来兮辞》中写道："或植杖而耘耔。"你还能举出哪些例子？它们分别表达了什么情感？

二、隐者对孔子颇有微词；而孔子师徒对隐者的态度也很明确："不仕无义。"你如何评价文中丈人和子路不同的人生追求？

---

① 植：立。芸：通"耘"，除草。

② 为黍：用黍米做饭。食之：使之食，拿食物给他吃。

③ 见（xiàn）：通"现"，让其二子出来与子路相见。

④ 大伦，朱熹说："伦，序也。人之大伦有五：父子有亲，君臣有义，夫妇有别，长幼有序，朋友有信。"这里指"君臣之义"。

江汉①

⇒作者简介 杜甫（712—770），字子美，巩县（今河南巩义市）人。青年时期曾漫游三晋、吴越、齐赵等地，结交了李白、高适等诗人。天宝九年（750 年）冬，杜甫献"三大礼赋"，唐玄宗极为赏识，命他待制集贤院。四年后才得到太子右卫率府兵曹参军的小官职。安史之乱中，杜甫经历了逃难、陷贼的苦难，潜赴凤翔，投奔肃宗李亨，授官左拾遗。不久被贬华州司功参军。肃宗乾元二年（759 年），关中发生饥荒，杜甫弃官西去，经秦州（今甘肃天水）、同谷（今甘肃成县）进入四川，开始了漂泊西南的生涯。代宗永泰元年（765 年）离开成都顺江东下，曾滞留夔州（今重庆奉节）两年。大历五年（770 年），病卒于湘江中的船上。杜甫的诗广泛而深刻地反映了安史之乱前后的现实生活和社会矛盾，被誉为"诗史"。

江汉思归客，乾坤一腐儒。
片云天共远，永夜月同孤②。
落日心犹壮，秋风病欲苏③。

---

① 杜甫：《杜甫集》，凤凰出版社，2018，第 285－286 页。唐代宗大历三年（768）正月，杜甫从三峡出川，流落在湖北江陵、公安等地，这首诗便作于这个时期。

② 这两句的意思是，共片云在远天，与孤月同长夜。

③ 落日：比喻年老和环境的困难。苏：苏活。病欲苏：病都要好了。

古来存老马，不必取长途①。

➡ **阅读思考**

一、本诗前两联写诗人的乡思孤寂，请结合诗句简要分析。

二、杜甫诗中多次写马，请比较其早年诗句"骁腾有如此，万里可横行"与本诗尾联"古来存老马，不必取长途"两处中"马"这一意象的异同。

---

① 存：留养。老马识途的典故，出自《韩非子》："桓公伐孤竹，返，迷惑失道，管仲曰：'老马之智可用也。'乃放老马而随之，遂得道焉。"

李白①

郭启宏

⊃作者简介 郭启宏（1940— ），广东饶平人。1961 年毕业于中山大学中文系，先后在中国评剧院、北京京剧院、北方昆曲剧院、北京人民艺术剧院任编剧，兼任北京市戏剧家协会主席、中国剧协副主席。

郭启宏以 1979 年推出京剧《司马迁》而成名，由此开始，他的剧作始终坚持知识分子立场，思考知识分子的命运和心灵，并以文辞功力著称。其主要剧作有评剧《成兆才》《评剧皇后》，京剧《司马迁》《卓文君别传》《王安石》，昆曲《司马相如》《南唐遗事》，话剧《李白》《天之骄子》《夕照祁山》等。

宗　琰　夫子你说什么叫诗？

李　白　这……我写了一辈子诗，可没想过给诗画个方圆。

宗　琰　有人说诗言志，有人说诗抒情，有人说诗是怀时感物、明心见性……不过，我总觉着与其说是诗，不如说是字的灵性！每个字都有灵性。它们借助诗人的手，一个个从笔尖跑了下

---

① 节选自话剧《李白》。《中国话剧百年典藏》卷十，人民文学出版社，2017，第 61-64 页。《李白》共九场，主要写李白晚年加入永王李璘幕府到被流放夜郎及被赦免后的一段经历。本文选自第八场。李白加入永王李璘幕府，受李璘谋反罪的牵连而被判长流夜郎。李白取道巴蜀，到白帝城（今重庆奉节）时被赦免无罪。沿江东下，定居当涂。半年后的秋社日（立秋后第五个戊日），时任天下兵马大元帅的郭子仪来访，重新激发了李白的从军之志。李白的夫人宗琰，见无力挽留李白，便决定与李白饮酒论诗，为李白送行。

来，排成队，列成行！

李　白　嗯，是这样的！你还记得夔门滟滪堆上"朝我来"三个字吗？那三个字排在一起就是诗！仿佛主宰天地的神灵，可以让你流波顺轨，也可以让你葬身鱼腹！

宗　琰　怪不得远古时候仓颉造字，天落下五谷杂粮的雨，到夜里大鬼小鬼都嗷嗷地苦呢，原来天地鬼神都怕字的灵性让人得了去①！所以杜子美说夫子"笔落惊风雨，诗成泣鬼神"！

韩　娘（抑捺不住）阿琰！都什么节骨眼了，你还有心思说什么干呀湿呀神呀鬼呀！

宗　琰（一笑）韩娘，我敬你一杯！（斟酒）

韩　娘（气呼呼）喝！（饮下酒）今儿个这一天，上上下下人来人往，说的全是酒话！（酒酣气振）你怎么不为先生想想，六十岁的人要去从军，这不是天大的笑话吗？

宗　琰　西周姜子牙、前汉朱买臣、战国的廉颇、蜀汉的黄忠，还有当朝郭子仪元帅，不都是老来有为吗？

韩　娘　有为个鬼！（影射地）忘了在长安受人挤对的事了？忘了在浔阳蹲大牢的事了？这世道难道容得了一个书呆子去建功立业吗？

李　白　李白不敢有建功立业的奢望，只是想，平乱最后一战，我不能置身局外。

韩　娘　阿琰妇道人家不知进退，可是先生你知书达理，你怎么也不替她想想！我们姑娘自打过门后，就没睡过一个踏实觉，半年前还跟着你长流夜郎！她好歹是前朝宰相的孙女②，可不是小户人家！你为了自己的功名，居然忍心又把她扔在家

---

① 《淮南子·本经训》："昔者仓颉作书而天雨粟，鬼夜哭。"
② 宗琰的祖父宗楚客在武后和中宗时期三次拜相。

里……（泣不成声）

〔李白低下头来。宗琰忍着泪。

孙　二（上前）韩娘！你和夫人都不知道，先生八成是让栾泰给气的！

宗　琰　栾泰？他来了？他说什么了？

孙　二　他说先生免了刑可没销了罪，是有前科的人……

韩　娘　放他娘的狗臭屁！

李　白　唉，栾泰不过是说出了别人不肯说出的话。我想从军，不是栾泰激的。不过我得感谢他……

韩　娘　你是傻是癫，感谢他？

李　白　感谢他让我看清了自己！（苦笑一声）人们总说飘然太白，不！我不是游荡在林间月下的世外人！天下名山大川赐给我的也不是仙风道骨，而是充塞天地的浩然之气，是屈原的"虽九死其犹未悔"，是庄子的"怒而飞"！

韩　娘（似懂非懂，对李白）那好，你给我倒一杯……散伙酒！

〔李白愕然。

宗　琰（急对孙二）韩娘醉了，你侍候她歇息吧！

〔孙二应声扶韩娘入内室。

宗　琰　夫子继续谈诗吧！

李　白　我可没这雅兴了。

宗　琰　也好，（举杯）我为夫子从军壮行色！

李　白（犹豫举杯）你同意我去了？

宗　琰　我怎么能不同意呢？好男儿志在四方，就是死也要死在边野，马革裹尸……

李　白（狐疑不定）你真的明白我的心迹？

宗　琰　你是一本书，我读遍了每一页。你敢于把自己的生命当作脱手一掷的投枪，年过六十也豪情不减。

李　白　是这样的，是这样的。（忽觉不对味）可你并不希望我再入仕途……

宗　琰（凄然一笑）今天，先是栾泰的一激，使夫子看清了自己；接着又是平乱最后一战的召唤，夫子不能置身局外；太上皇的宫锦袍、郭元帅的虹霞剑，都在鼓荡夫子的热血，连腾空子①的死也意外激起夫子入世的雄心，夫子面对这一切，能不慷慨从军吗？

李　白（心事被一一道出，顿生愧赧）面对这一切，我唯独没有想到你！你的所求不过是庶民百姓人皆有之的夫妻生活，可我……我只是一味地索取你的体谅！

宗　琰（摇头，少倾）感谢你这半年来一直留在当涂家中……（哽咽，背过脸去）

李　白　请原谅我，我也设想到我又会去从军，鬼使神差，我总觉着后脊背上有一根无形的珊瑚鞭在抽打着我！我……可不是为了功名呀！

宗　琰　你不会像苏秦那样去追逐黄金印了，你要做屈原，"虽九死其犹未悔"……

李　白（愣神，猛然）我不去从军了，不去了！

宗琰（一愣）你该不是在说气话吧？

李　白　不，不是的。我这把年纪还能干些什么？一把铅做的钝刀②！而那闲云野鹤的生活，原本是你和我共同的追求！

---

① 李腾空，庐山屏风叠紫霄观女道士，道号腾空子，是已故奸相李林甫的女儿，与宗琰交好。腾空子曾为了李白的冤狱四处奔走，最后找到了郭子仪。李白当初对郭子仪有救命之恩，在郭子仪的营救下，李白被赦无罪。腾空子也因为奔波跋涉，一病不起。

② 左思《咏史八首·其一》："铅刀贵一割，梦想骋良图。"铅刀，比喻才能低劣。

宗　琰（惊喜）真的？

李　白（坚定）真的！

宗　琰　好夫子！

〔二人相视而泣。

宗　琰（忽然醒悟）不，你做不到！你身在仕途的时候，无法忍受官场的倾轧；一旦纵情于江湖，你又念念不忘尽忠报国。你是进又不能，退又不甘！

李　白（颓然长叹）入木三分，入木三分啊！难道我这一辈子注定这样来回走着！（痛苦地低下头）

宗　琰（复归平静，取出诗稿）如果没有这样来回走着，也就没有李白的诗了。富贵没有诗，隐遁没有诗，只有那颗不能安静的心，浇上醉人的酒，才能挥洒出不朽奇文！古往今来，能有几个人得到了字的灵性？夫子你得到了！你让我把这些诗稿编成集子，就叫《青莲集》吧！人走了，字的灵性陪伴着我……

李　白（凄然）感谢夫人……

宗　琰　也希望夫子成全我。（将一个包袱递给李白，另一个包袱自己已背上）

李　白（一惊）怎么？你要去石门旧居？

宗　琰　不，找腾空子做伴。

李　白　腾空子……庐山屏风叠……

宗　琰　是。（去案前拿起木鱼）

李　白（猛然唤）不！不能！你不能入道！我还要回家来的！

宗　琰　夫子，你就当我替夫子报答腾空子吧！

〔李白低头无语。

宗　琰（安详地）夫子，你看长江边的芦苇，风一吹来，芦花随风摆动，聚了又散，散了又聚，聚散之间没有一次相同。

〔虚空中应和着木鱼声。

李　白（安静下来，沉吟）有聚必有散，有散必有聚，聚散相依……

宗　琰　聚也是散，散也是聚！

李　白　也好，你先走一步。总有一天，我到屏风叠找你！

宗　琰　多谢夫子！

李　白（掷杯）灵光，看我舞剑，为我们壮行色！

〔社鼓声蓦地大作。

李　白（抽出郭子仪所赠虹霞剑，边舞边诵）扶摇直上的大鹏，向九万里奋飞吧！上摩苍天，下覆大地，去周旋天纲吧！去跨蹑地络吧！去遨游混茫吧！去搏击虚无吧！（力不从心，踉跄欲倒）

〔宗琰急扶住。

〔社鼓声骤息。

宗　琰（垂泪，哽咽）夫子，你还去么？（缓缓跪下）

〔李白无言，拄剑而立。

➡ 阅读思考

一、宗琰作为李白的妻子，既理解李白从军报国的志向，又希望他们能像普通夫妻一样厮守到老。请简要概括本文中宗琰心理的变化。

二、李白在仕与隐之间犹豫，也在国与家之间徘徊，作者在李白身上寄托了当代知识分子对个人价值的思考。你是如何看待剧中李白的选择的？

"弹无虚发"阿蒂克斯①

⮞**作者简介** 哈珀·李（1926—2016），生于美国亚拉巴马州的门罗维尔。童年就读于当地的学校，后在亚拉巴马大学攻读法律。与著名作家杜鲁门·卡波特是从小的至交，《杀死一只知更鸟》中的迪儿，就是以他为原型的。曾获包括普利策奖在内的多个文学奖项，并被授予总统自由勋章。该书入选《时代》周刊1923—2005百佳小说。写完此书后，作者一直隐居在家乡亚拉巴马的小镇上，拒绝各种采访，过着平静的生活。除了写作，她还钟爱19世纪文学和18世纪音乐，对于猫和旅行也有浓厚的兴趣。2016年，作者在家中去世，享年89岁。

阿蒂克斯很衰弱——他都快五十岁了。我和杰姆问他为什么这么老，他说他起步晚了，让我们觉得这在他的能力和男子气概方面有所反映。他比我们学校同龄孩子的父亲都要老，每当我们同学说"我爸……"时，杰姆和我都无话可说。

杰姆是个橄榄球迷。阿蒂克斯和他玩抢球从不嫌累，可是每当杰姆想和他练阻截时，阿蒂克斯就说："儿子，我太老了，玩

---

① 哈珀·李：《杀死一只知更鸟》，高红梅译，译林出版社，2017，第111-122页。题目为编者所加。本文节选的是第十章。故事发生在20世纪30年代美国亚拉巴马州梅科姆镇。小说以长大后的斯库特回忆往事的形式，讲述了斯库特兄妹及少年玩伴迪儿成长过程中的重要事件。杰姆，是大斯库特四岁的哥哥。阿蒂克斯是他们的父亲，是镇上著名的律师。

不了这个。"

我们父亲什么也不做。他在办公室上班，而不是在杂货店。他不为县里开装卸车，不是警长，不种田，不修车，也不从事任何其他可以让人敬佩的职业。

另外，他还戴眼镜。他的左眼几乎看不见了，他说左眼是芬奇家族的克星。每当他想看清什么时，都要偏过头去用右眼。

他也不做我们同学的父亲做的那些事：他从不打猎，不玩扑克，不钓鱼，不抽烟，不喝酒。他只坐在客厅里读书看报。

我们收到气枪后，阿蒂克斯不教我们如何射击①。杰克叔叔教了我们基本要领，他说阿蒂克斯对枪支不感兴趣。阿蒂克斯有一天对杰姆说："我宁愿你在后院射易拉罐，不过我知道，你肯定要去打鸟的。你射多少蓝鸟都没关系，但要记住，杀死一只知更鸟就是一桩罪恶。"

那是我第一次听阿蒂克斯说做什么是桩罪恶，我问莫迪小姐②是怎么回事。

"你父亲说得对。"她说，"知更鸟只唱歌给我们听，什么坏事也不做。它们不吃人们园子里的花果蔬菜，不在玉米仓里做窝，它们只是衷心地为我们唱歌。这就是为什么说杀死一只知更鸟就是一桩罪恶。"

"莫迪小姐，我们这儿是个老街区，对吗？"

"比建镇还早。"

"不，我的意思是，这条街上的人都很老。杰姆和我是这里仅有的两个小孩。杜博斯太太都快百岁了，雷切尔小姐也很老，还有你和阿蒂克斯。"

---

① 气枪是阿蒂克斯送给斯库特和杰姆的圣诞节礼物，是阿蒂克斯委托自己的弟弟杰克买的，见小说第九章。
② 莫迪小姐家与斯库特家隔街相望，斯库特与杰姆经常去拜访莫迪小姐。

"我不认为五十岁很老。"莫迪小姐尖刻地说,"我还没被人用轮椅推着呢,你父亲也没有。不过我得说,感谢上天恩典,烧了那个老陵墓,我已经老得收拾不动它了——也许你是对的,斯库特,这里确实是个安定下来的街区。你没怎么遇到过年轻人,对不对?"

"遇到过,在学校里。"

"我是指年轻的成年人。要知道,你很幸运。你和杰姆因为你父亲的年龄受益良多。如果你父亲是三十岁,你会发现生活大不相同。"

"那当然。阿蒂克斯什么也做不了……"

"这你就错了。"莫迪小姐说,"他还很有活力。"

"他能做什么?"

"哦,他能帮人把遗嘱写得滴水不漏,谁也别想在上面钻空子。"

"还有,你知道他是镇上最棒的棋手吗?啊,想当年我们在芬奇园,阿蒂克斯能赢遍河两岸所有的人。"

"我的天,莫迪小姐,杰姆和我每次都赢他。"

"现在到了你该明白的时候了,是他在让你们。你知道他会演奏单簧口琴吗?

这么平常的成就更让我为他羞愧了。

有个星期六,杰姆和我决定拿着我们的气枪去探险,看能不能打只野兔或松鼠什么的。我们在拉德利家后面走了大约五百米,我发现杰姆在斜眼看着街上的什么东西。他把脑袋转向一边,从眼角向外看。

"你在看什么?"

"那边的一只老狗。"他说。

"那是老蒂姆·约翰逊吧?"

"没错。"

"它在干什么？"

"我不知道，斯库特，我们最好回家去。"

"哎呀，杰姆，现在是二月份。"

"我不管，我要去告诉卡波妮①。"

我俩跑回家，冲进厨房。

"卡波妮，"杰姆说，"你能不能去一下那边的人行道？"

"去做什么？杰姆，不能你一叫我就跑到那边人行道上去。"

"那边有只老狗好像不对劲。"

卡波妮叹了口气。"我现在不能去包扎狗腿。卫生间里有纱布，你拿了自己去弄吧。"

杰姆摇着头。"卡波妮，它是病了。它有些不对劲。"

"它在干什么？转着圈追自己尾巴？"

"不是，它像这样。"

杰姆模仿金鱼嘴巴一张一合，又耸起肩膀使劲扭动躯干。"它走起路来像这样，只不过好像不是故意的。"

"杰姆·芬奇，你是不是在跟我编瞎话？"卡波妮的声音变得严厉起来。

"不是，卡波妮，我发誓，我不是。"

卡波妮洗了洗手，然后跟着杰姆来到院子里。"我没看见什么狗。"她说。

她跟着我们走到拉德利②家旁边，向杰姆指的方向看去。从这个距离望过去，蒂姆·约翰逊比个小斑点大不了多少，但是它已经离我们更近了。它摇摇晃晃地走着，右腿好像比左腿短似

---

① 卡波妮是斯库特家雇佣的黑人厨师。

② 拉德利即后文提到的内森和阿瑟。拉德利有时专指阿瑟·拉德利，即小说中的"怪人"拉德利。

的。它让我想起车辆陷在沙子里的情形。"它在向一边歪斜。"杰姆说。

卡波妮瞪着眼看了一会儿，然后抓住我们的肩膀就向家跑。她在我们身后关上木门，跑去拿起电话喊道："给我接芬奇先生办公室！"

"芬奇先生！"她大声说，"我是卡波妮。我向上帝发誓，街那边有条疯狗——它朝我们这边来了，是的，先生，它——芬奇先生，我敢断定它是——老蒂姆·约翰逊，是的，先生……好的……好的……"

我们想问她阿蒂克斯说了什么，她挂上电话摇了摇头。接着她又嘎嘎摇起电话来，说："欧拉·梅小姐——我和芬奇先生通完话了，请不要再接线了——听我说，欧拉·梅小姐，你能通知雷切尔小姐、斯蒂芬妮小姐以及这条街上所有有电话的人家吗？告诉他们疯狗来了。请你快点，小姐！"

卡波妮听了一会儿。"我知道现在是二月份，欧拉·梅小姐，可是我见到疯狗一眼就能认出来。请你赶快！"

卡波妮问杰姆："拉德利家有电话吗？"

杰姆查了查电话簿，说没有。"卡波妮，反正他们也不出来。"

"我不管，我要去告诉他们。"

她向前廊跑去，杰姆和我紧随其后。"你们待在家里！"她厉声说。

邻居们已经收到了卡波妮的消息。在我们的视线之内，每一家的木门都关上了。我们现在还看不见蒂姆·约翰逊的踪影。我们望着卡波妮向拉德利家跑去，她把裙子和围裙都撩到了膝盖以上。她跑到前门，"邦邦"地使劲拍着。没有人来应门，她便大声喊道："内森先生，阿瑟先生，疯狗来啦！疯狗来啦！"

"她应该转到后面去。"我说。

杰姆摇了摇头。"现在没用了。"他说。

卡波妮又徒劳地拍了几下门。没有人来接受她的警告，好像都没有人听见似的。

当卡波妮飞跑着回到我家后廊时，一辆黑色的福特车急速驶进车道，阿蒂克斯和赫克·泰特先生从车上下来了。

赫克·泰特先生是梅科姆县的警长。他像阿蒂克斯一样高，不过比他瘦。他鼻子很长，脚蹬一双带内亮金属孔眼的马靴。身穿马裤和齐腰短夹克，他的腰带上别着一排子弹，手里拿着一支重型步枪。当他和阿蒂克斯走到前廊上时，杰姆打开了门。

"别出来，儿子。"阿蒂克斯说，"卡波妮，它在哪儿？"

"它现在应该到了。"卡波妮指着街那头说。

"它不是在跑吧？"泰特先生问。

"不是，先生，它正在抽搐着。"

"赫克，我们应该去找它吗？"阿蒂克斯问。

"芬奇先生，我们最好还是等着。疯狗一般会对直走，不过也说不准。它很可能沿着拐弯过来——希望是这样，不然它就会直接进入拉德利家后院。我们等一会儿吧。"

"它进不了拉德利家后院，"阿蒂克斯说，"篱笆会挡住它的。它可能会沿着街道……"

我以为疯狗都口吐白沫、连蹦带跳地朝人的喉咙扑去，而且我以为它们只在八月份出现。假如蒂姆·约翰逊也那样，我也许就不会这么害怕了。

没有什么比一条街上人踪全无、人们在紧张等候着的情形更要命的了。树木静止不动，知更鸟沉默无声，莫迪小姐房里的建筑工们也消失了。我听见泰特先生吸了下鼻子，之后又擤了擤鼻子。我看见他把枪换到了臂弯里。我看见斯蒂芬妮小姐的脸贴在她家门玻璃上，莫迪小姐也出现在她旁边。阿蒂克斯把脚放在椅子的横档上，一只手按着大腿外侧，慢慢向下摩挲。

"它来了。"他轻声说。

蒂姆·约翰逊进入了视线，它晕晕地走在与拉德利家房子平行的弯道内侧。

"你看它，"杰姆低声说道，"赫克先生说疯狗会对直走。它都不能顺着路走了。"

"它看起来病得很厉害。"我说。

"要是有什么东西在前面，它会直接撞上去的。"

泰特先生把手搭在前额上，身体向前倾。"芬奇先生，它确实得了狂犬病。"

蒂姆·约翰逊正用蜗牛般的速度向前移动，不过它既不是在玩，也不是在嗅树叶，它好像认准了一个方向，并被一种无形的力量拉着问我们这边挪过来。

"他在找地方去死。"杰姆说。

泰特先生转过身来。"它离死还早着呢，杰姆，它还没开始呢。"

蒂姆·约翰逊来到拉德利房前的街道上，仅存的一点神志让它停顿了一下，好像在考虑走哪条路。它犹豫着迈了几步，停在拉德利家院门前；接着它想转回身，可是很困难。

阿蒂克斯说："赫克，它已在射程内了。你最好现在就射，免得它跑到小路上去——天晓得谁会从拐角出来。卡波妮，快进去。"

卡波妮已打开纱门，在身后闩上，随后又拔开，抓着门上的挂构不放。她想用身体挡住我和杰姆，我俩便从她的胳膊底下向外张望。

"芬奇先生，干掉它。"泰特先生把步枪交给了阿蒂克斯。杰姆和我几乎要晕过去了。

"赫克，别浪费时间了。"阿蒂克斯说，"射吧。"

"芬奇先生，这是一枪命中的活儿。"

阿蒂克斯使劲摇头。"别在这里傻站着，赫克！它不会等你一整天的……"

"看在上帝分上，芬奇先生，你看看它在什么位置！一旦射偏就直接进了拉德利家！我射不了那么准，你是知道的！"

"我已经三十年没开枪了……"

泰特先生几乎是把枪扔给了阿蒂克斯。"你要是现在能开枪，我就真的舒坦了。"他说。

在一片朦胧中，我和杰姆望着我们的父亲持枪走出去，来到了街道中央。他走得很快，可是我感觉他像在水底游。时间慢得令人恶心，就像是在爬。

当阿蒂克斯向上推眼镜时，卡波妮用双手捂住面颊，喃喃地念道："耶稣，帮帮他吧。"

阿蒂克斯把眼镜推到额头上，它又滑了下来，于是他干脆把它扔在地上。在一片静寂中，我听见了镜片的碎裂声。阿蒂克斯揉了揉眼睛和下巴；我们看见他使劲地眨眼。

在拉德利家院门前，蒂姆·约翰逊勉强做了决定。它终于转过身，沿着它原来的路线向我们这条街走来。它向前迈了两步，停下来，抬起了头。我们看见它的身体僵住了。

那几个动作快得好像是同时发生的，阿蒂克斯在把枪放上肩头的一瞬间，就猛地扣动了扳机。

枪响了。蒂姆·约翰逊跳起来，重重落下去，棕白色的一堆，倒在人行道上，它都不知道是什么击中了它。

泰特先生跳下前廊向拉德利家跑去。他停在那条狗前面，蹲下去，接着转过身用手指点着他左眼上方的额头。"芬奇先生，你稍微向右偏了一点。”他喊道。

“总是这样。”阿蒂克斯回答说，“如果让我选择，我会用猎枪。”

他俯身捡起自己的眼镜，用鞋后跟把碎了的镜片碾成粉末，随后走到泰特先生身边，低头看着蒂姆·约翰逊。

门一扇接一扇地打开了，街上慢慢又有了生气。莫迪小姐和斯蒂芬妮小姐一起从台阶上走下来。

杰姆开始能够含糊地说话了：“斯库特，你看见了吗？你看见他站在那儿了吗？……之后突然之间，他完全放松了，好像那杆枪成了他身体的一部分……他动作那么快，好像……我要射什么得瞄十分钟呢……”

莫迪小姐狡黠地笑了。“怎么样？斯库特小姐，”她说，“还觉得你父亲什么也做不了吗？还在为他难堪吗？”

“不了。”我温顺地说。

“那天忘了告诉你，除了会演奏单簧口琴，阿蒂克斯·芬奇在他那个年代还是梅科姆县最厉害的神枪手。”

“神枪手……”杰姆重复道。

“杰姆·芬奇，我是这么叫的。估计现在你也要改变一下你的腔调了。真奇怪，难道你们不知道他年轻时绰号叫‘弹无虚发’吗？哎呀，当年在芬奇园，只要他出去打猎，如果十五枪打下十四只鸽子，他都要抱怨浪费了弹药。”

“他从没跟我们提过这些。”杰姆喃喃地说。

“从没提过吗？”

“没有。”

“搞不清他现在为什么不打猎了。”我说。

“也许我能告诉你。”莫迪小姐说，“如果说你们父亲有什么特殊的地方，那就是他那颗文明高贵的心。好枪法是上帝赐予人的礼物，是一种才能——当然了，你需要练习才能让你的技术日趋完美，但射击不同于弹钢琴或别的什么。我想他也许意识到上帝给了他一个对其他动物不公平的优势，于是就把枪放下了。我猜他是决意不再开枪，除非万不得已，而今天就是万不得已的情况。"

"看起来他应该为此感到骄傲。"我说。

"心智正常的人从不会恃才而傲。"莫迪小姐说。

在回家的路上，我对杰姆说，我们周一去学校可有的说了。杰姆不同意。

"斯库特，不要提这件事。"他说。

"什么?! 我当然要提! 梅科姆县不是每个人的爸爸都是神枪手。"

杰姆说："我觉得如果他想让我们知道，他早就告诉我们了。如果他为此感到骄傲，他早就告诉我们了。"

"也许他只是忘了。"我说。

"不是，斯库特，这个你不懂。阿蒂克斯是很老，不过即使他什么都做不了，我也不在乎——他一件事都做不了我也不在乎。"

杰姆捡起块石头，兴高采烈地向车库扔去。他跑着追过去，又回头喊道："阿蒂克斯是个绅士，就像我一样!"

➡ 阅读思考

一、本文构思巧妙，请简要分析作者是如何写以"杀"来"止杀"的。

二、在"我"对阿蒂克斯认识的转变过程中，莫迪小姐起到了什么作用?

《子路从而后》

一、本文中丈人的故事，成为后世表达隐逸和描写田园的诗文中常见的典故，如选入高中语文教材的《归去来兮辞》中写道："或植杖而耘耔。"你还能举出哪些例子？它们分别表达了什么情感？

如孟浩然的田园诗《过故人庄》中"故人具鸡黍，邀我至田家"二句，化用荷蓧丈人"杀鸡为黍"的典故，表达出故人款待诗人的盛情。

二、隐者对孔子颇有微词；而孔子师徒对隐者的态度也很明确："不仕无义。"你如何评价文中丈人和子路不同的人生追求？

在春秋乱世，丈人隐居避祸，自给自足；子路等人寻找机会实现匡时救国的抱负。两种人的选择，各有其合理性。相比而言，子路等人的时代使命感和"知其不可而为之"的坚忍品质，更难能可贵。

《江汉》

一、本诗前两联写诗人的乡思孤寂，请结合诗句简要分析。

首联以江汉之远写自己的思乡心切，以乾坤之大写自己的渺小孤独。颔联写整夜陪伴自己的只有一朵云、一轮月，实则云与月都不能陪伴自己，更可见诗人的孤独，愈孤独愈思乡。

二、杜甫诗中多次写马，请比较其早年诗句"骁腾有如此，万里可横行"与本诗尾联"古来存老马，不必取长途"两处中"马"这一意象的异同。

早年诗句写的是可以驰骋千里、不知疲倦的千里马，晚年写的是不能长途奔驰、但仍能贡献智慧的老马，前者贡献足力，后者贡献智慧，二者做出贡献的方式不同；相同的是杜甫借马所表达的豪情壮志。

《李白》

一、宗琰作为李白的妻子，既理解李白从军报国的志向，也希望他们能像普通夫妻一样厮守到老。请简要概括本文中宗琰心理的变化。

与李白论诗时，心情相对平静；听李白表达愧意时，感激与激动；确知李白不可挽留时，心灰意冷；最后询问李白时，尚怀有一丝希望。

二、李白在仕与隐之间犹豫，也在国与家之间徘徊，作者在李白身上寄托了当代知识分子对个人价值的思考。你是如何看待剧中李白的选择的？

仕与隐的抉择，是古代每一位读书人不可回避的问题，这在李白身上表现得很充分。李白在本质上是诗人，他率真自然，寄情山水，最后成就的也是诗歌事业。同时，李白又怀有尽忠报国的志向，到了晚年也想要抓住实现志向的一切机会。这种志向赋予他卓尔不凡的气质，赋予他的诗歌健朗豪壮的气概。但李白既缺乏政治才能，也不具备从政的耐心，最终既不能顾全家庭，也未能实现志向。

《"弹无虚发"阿蒂克斯》

一、本文构思巧妙，请简要分析作者是如何写以"杀"来"止杀"的。

①通过阿蒂克斯前后行为的对比。三十年前阿蒂克斯放下枪支，不再利用自己超群的射击技术来猎杀动物；如今，为了保护梅科姆居民免遭疯狗袭击，他接过步枪，击杀了疯狗。

②通过杰姆对阿蒂克斯态度的比较。杰姆先是觉得阿蒂克斯缺乏男子气概，而后认识到阿蒂克斯是一个真正的绅士，并决定绝口不提阿蒂克斯超群绝伦的神射技能。

③通过莫迪小姐对阿蒂克斯的高度评价和警长泰特对阿蒂克斯的信任。

二、在"我"对阿蒂克斯认识的转变过程中，莫迪小姐起到了什么作用？

小说以"我"的视角讲述阿蒂克斯，而"我"的儿童视角极大限制了对阿蒂克斯的完整叙述；莫迪小姐作为阿蒂克斯家的老街坊，则有力补充了"我"所不知道的阿蒂克斯的往事。

莫迪小姐对阿蒂克斯的理解，意义更大。莫迪小姐对阿蒂克斯"文明高贵"心灵的评价对"我"和杰姆都产生了直接影响。

人生世态

英国诗人约翰·多恩写道："没有人是一座孤岛，可以自全。"人总是生活在这世间，与无数人相遇，与一些人相交，与少数人相知。人生一世，往往尝尽酸甜苦辣各种滋味，历尽悲欢离合各种情景。无数人的故事，无数种人生形态，也就构成了世间人生百态。

本单元三篇不同体裁的文章，却展示了不同的人生际遇与形态。在跌宕起伏的命运中，个体在这世上相遇、聚合、离散，随时随地上演着各种故事。让我们从不同的故事中去看人与人相交的轨迹，去体悟人与社会相处的关系，去思索人与世界相伴相生的秘密。

学习本单元，我们应该重点去理解不同的人生世态，体会人物情感，把握人物形象，并思考人物命运的变化，人物的言行选择与当时社会背景的关系，我们也可以试着去评价人物，在评价的时候要注意现代价值观对人物评价的影响。

单元学习任务

　　人之处世，有人不为世态的改变而改变自我，"直哉史鱼，邦有道，如矢，邦无道，如矢"；有人则跟随世态而变通，"君子哉蘧伯玉，邦有道，则仕，邦无道，则可卷而怀之"；有人面对黑暗的现实只能苦苦挣扎，阮籍车迹所穷，辄恸哭而返；有人面对不公的世道却能以决然的姿态，奏响反抗的琴音。

　　学完这个单元，请围绕着"人生世态"这个主题，举办一个讲故事的班会活动，以小组为单位收集、分享能反映人生世态的人物故事。

作品研读

赠卫八处士①

唐·杜甫

➡**作者简介** 杜甫（712—770），字子美，汉族，本襄阳人，后徙河南巩县。自号少陵野老，唐代伟大的现实主义诗人，与李白合称"李杜"。杜甫在中国古典诗歌中的影响非常深远，被后人称为"诗圣"，他的诗被称为"诗史"。后世称其杜拾遗、杜工部，也称他杜少陵、杜草堂。代表作有"三吏""三别"《春望》《登高》等名篇，共有约1500首诗歌被保留了下来，大多集于《杜工部集》。

人生不相见，动如参与商②。

今夕复何夕，共此灯烛光。

少壮能几时，鬓发各已苍③。

访旧半为鬼④，惊呼热中肠⑤。

---

① 杜甫：《杜甫集》，凤凰出版社，2018，第113-115页。这首诗大概是乾元二年（759年）春杜甫作华州司功时所作。处士是隐居不仕的人，八是处士的排行。由于这首诗表现了乱离时代一般人所共有的"沧海桑田"和"别易会难"之感，同时又写得非常生动自然，所以向来为人们所爱读。

② 参与商：二星名，又作参辰，一出一没，永不相见。动如，动不动就像。

③ 苍：灰白色。

④ 访旧半为鬼：打听故旧亲友，已死亡一半。

⑤ 惊呼热中肠：使人惊呼怪叫以至心中感到火辣辣的难受。

焉知二十载，重上君子堂。

昔别君未婚，儿女忽成行①。

怡然敬父执②，问我来何方。

问答乃未已③，儿女罗酒浆。

夜雨剪春韭，新炊间④黄粱。

主称⑤会面难，一举累⑥十觞。

十觞亦不醉，感子故意长⑦。

明日隔山岳⑧，世事两茫茫。

🔴 阅读思考

一、本诗将深深的情感蕴藏于质朴的文字之中，"问答乃未已，儿女罗酒浆"一句可谓"言有尽而意无穷"，请谈谈你对诗句的理解。

二、杜甫的诗歌常将个人际遇与国家命运联系起来，这首诗字里行间也隐含着对家国命运的思考，请简要分析。

---

① 行：háng。成行，儿女众多。

② 父执：词出《礼记·曲礼》"见父之执。"意即父亲的友辈。

③ 乃未已：还未等说完。

④ 间：jiàn，掺和的意思。黄粱，即黄米。新炊是刚煮的新鲜饭。

⑤ 主：主人，即卫八。称就是说。曹植诗："主称千金寿。"

⑥ 累：接连。

⑦ 故意长：老朋友的情谊深厚。

⑧ 山岳：指西岳华山。这句是说明天便要分手。

朱买臣传①（节选）

⊙作者简介　班固（公元32年—公元92年），字孟坚，扶风安陵（今陕西省宝鸡市）人。东汉史学家、文学家，与司马迁并称"班马"。班固是班彪之子，班超之兄，十六岁入洛阳太学，二十三岁父死后归乡里。以父所撰《史记后传》叙事未详，乃潜心继续撰述力求精善。《汉书》，又称《前汉书》，是中国第一部纪传体断代史，"二十四史"之一，与《史记》《后汉书》《三国志》并称为"前四史"。《汉书》全书主要记述了上起汉高祖元年（公元前206年），下至新朝王莽地皇四年（公元23年）共二百三十年的史事，包括纪十二篇，表八篇，志十篇，传七十篇，共一百篇，后人划分为一百二十卷，全书共八十万字。

　　朱买臣字翁子，吴人也。家贫，好读书，不治产业，常艾②薪樵，卖以给食，担束薪，行且诵书。其妻亦负戴相随③，数止买臣毋歌呕④道中。买臣愈益疾歌，妻羞之，求去。买臣笑曰："我年五十当富贵，今已四十余矣。女⑤苦日久，待我富贵报女功。"妻恚怒⑥曰："如公等，终饿死沟中耳，何能富贵？"买臣

---

① 班固：《汉书》，张永雷、刘丛译注，中华书局，2016，第103–111页。
② 艾（yì）：通"刈"，砍割。
③ 负：背在背上。戴：顶在头上。
④ 呕（ōu）：通"讴"，歌唱。
⑤ 女：通"汝"，你。
⑥ 恚（huì）怒：生气，愤怒。

不能留，即听去。其后，买臣独行歌道中，负薪墓间。故妻与夫家俱上冢，见买臣饥寒，呼饭饮①之。

后数岁，买臣随上计②吏为卒，将重车③至长安，诣阙④上书，书久不报。待诏公车⑤，粮用乏，上计吏卒更乞丐⑥之。会邑子⑦严助贵幸，荐买臣。召见，说《春秋》，言《楚词》，帝甚说之，拜买臣为中大夫⑧，与严助俱侍中。是时，方筑朔方⑨，公孙弘谏，以为罢敝中国。上使买臣难诎弘，语在《弘传》。后买臣坐事免，久之，召待诏。

是时，东越数反复，买臣因言："故东越王居保泉山⑩，一人守险，千人不得上。今闻东越王更徙处南行，去泉山五百里，居大泽中。今发兵浮海，直指泉山，陈舟列兵，席卷南行，可破灭也。"上拜买臣会稽太守。上谓买臣曰："富贵不归故乡，如衣绣夜行，今子何如？"买臣顿首辞谢。诏买臣到郡，治楼船⑪，备粮食、水战具，须⑫诏书到，军与俱进。

---

① 饭饮：给予饮食。

② 上计：汉时，郡国的地方官每年派人到京师进呈会计簿籍，叫做"上计"。

③ 重车：辎重之车，即装载器物、粮食的车子。

④ 阙（què）：皇宫门前。

⑤ 公车：官署名。汉时，应征的人由公家用车马递送至京城后，就住在这里等待皇帝召见。

⑥ 乞丐：给与。

⑦ 邑子：同县的人。

⑧ 中大夫：官名。属光禄勋，没有固定职务，好似皇帝的顾问，有时也派到外面工作。

⑨ 朔方：郡名。汉武帝驱逐匈奴，收复河南（今内蒙古自治区内黄河以南的地区）一带地方，设立朔方郡。

⑩ 保：保卫守护。泉山：山名。后称清源山，在今福建泉州。

⑪ 楼船：汉代的兵船。

⑫ 须：等待。

初，买臣免，待诏，常从会稽守邸者①寄居饭食。拜为太守，买臣衣故衣，怀其印绶，步归郡邸。直②上计时，会稽吏方相与群饮，不视买臣。买臣入室中，守邸与共食，食且饱，少见其绶。守邸怪之，前引其绶，视其印，会稽太守章也。守邸惊，出语上计掾吏③。皆醉，大呼曰："妄诞④耳！"守邸曰："试来视之。"其故人素轻买臣者入内视之，还走，疾呼曰："实然！"坐中惊骇，白守丞⑤，相推排陈列中庭拜谒。买臣徐出户。有顷，长安厩吏乘驷马车来迎，买臣遂乘传⑥去。会稽闻太守且至，发民除道，县长吏并送迎，车百余乘。入吴界，见其故妻、妻夫治道。买臣驻车，呼令后车载其夫妻，到太守舍，置园中，给食之。居一月，妻自经⑦死，买臣乞⑧其夫钱，令葬。悉召见故人与饮食诸尝有恩者，皆报复焉。

居岁余，买臣受诏将兵，与横海将军韩说等俱击破东越，有功。征入为主爵都尉⑨，列于九卿。

➲ 阅读思考

一、李白在他的《南陵别儿童入京》里述及"会稽愚妇轻买臣"，称朱买臣之妻为"愚妇"，你赞同李白的看法吗？请谈谈你的观点。

---

① 守邸（dǐ）者：看守官邸的小吏。邸，汉朝郡王侯为朝见而在京城设置的住所。此指会稽太守在京城的官舍。

② 直：正当。

③ 掾（yuàn）吏：官吏。掾，古代属官的通称。

④ 妄诞：乱说大话。

⑤ 守丞：辅助郡守县令的主要官吏。此指会稽郡丞。

⑥ 传（zhuàn）：驿车。

⑦ 自经：上吊自杀。

⑧ 乞（qì）：给予。

⑨ 主爵都尉：官名。管理列侯和封爵之事。武帝后来改名为右扶风。

二、皇帝任命朱买臣为会稽太守之后，朱买臣故意"衣故衣，怀其印绶，步归郡邸"。而在吃饱喝足后，又故意露出印绶，你怎么评价朱买臣的这一行为？

西蒙的爸爸①

作者简介 居伊·德·莫泊桑（1850—1893），19 世纪后半期法国优秀的批判现实主义作家，与俄国契诃夫和美国欧·亨利并称为"世界三大短篇小说巨匠"，其中莫泊桑被誉为现代文学中的"世界短篇小说之王"。他一生创作了六部长篇小说、三百五十九篇中短篇小说及三部游记，是法国文学史上短篇小说创作数量最大、成就最高的作家。代表作品有《项链》《漂亮朋友》《羊脂球》《我的叔叔于勒》等。

中午十二点的铃声刚刚敲响，小学校的大门就打开了，孩子们你推我搡、争先恐后地涌出来。但是，他们并不像平日那样迅速散去，各自回家吃饭，而是在不远的地方停下，扎成堆儿说起悄悄话来。

原来今天上午，布朗绍大姐的儿子西蒙第一次来上课。

他们在家里全都听人谈起过布朗绍大姐。尽管人们在公开场合对她以礼相待，可是母亲们私下谈到她却是同情心里含着点儿轻蔑。这种情绪也感染了孩子们，虽然他们根本不知道为什么。

西蒙呢，他们并不了解他，因为他从来不出家门，也不跟他们在村里的街道上或者河边嬉闹。他们不大喜欢他，所以听一个十四五岁的伙伴说："你们知道吗……西蒙……嘿，他没有爸

---

① 莫泊桑：《莫泊桑短篇小说选》，张英伦译，人民文学出版社，第28-37页。

爸。"他们都有些幸灾乐祸，同时十分惊奇；听完了又互相转告。那男孩子一边说着一边神兜兜地挤眉弄眼，似乎他知道的还多着哩。

布朗绍大姐的儿子这时也走出校门。

他七八岁。脸色有点苍白，很干净，样子很腼腆，甚至有些手足无措。

他正要回母亲家。这时，成群结伙的同学，一面小声议论着，一面用孩子们策划坏招儿时常有的机灵而又残忍的眼神盯着他，逐渐从四面八方走过来，最后把他团团围住。他停下脚步，呆呆地站在他们中间，既感到惊讶又觉得尴尬，不明白他们要对他做什么。这时，那个因为披露新闻获得成功而深感自豪的男孩问他：

"喂，你叫什么名字？"

"西蒙。"

"西蒙什么？"那男孩追问。

西蒙完全被弄糊涂了，他重复说："西蒙。"

那男孩对他嚷道："人家都是叫西蒙再加上点什么。西蒙……这，可不是一个姓呀。"

他，几乎要哭出来了，第三次回答："我叫西蒙。"

小淘气们哄然大笑。得胜的那个男孩提高嗓门："你们看到了吧，他果真没有爸爸。"

顿时鸦雀无声。孩子们被这件异乎寻常、无法想象、骇人听闻的事惊呆了。一个男孩居然没有爸爸！——他们像看一个怪物、一个违反自然的东西一样看着他，感到母亲们一直没有挑明的对布朗绍大姐的轻蔑，在自己身上突然增强了。

西蒙呢，他连忙靠在一棵树上，才没有栽倒。他试图辩解。但他不知道该说什么来回答他们，否认他没有爸爸这件可怕的事。他面无血色，只能随口对他们大喊："我有，我有爸爸。"

"他在哪儿？"还是那个男孩问。

西蒙哑口无言，他确实不知道。孩子们都很兴奋，笑个不停。这些乡下孩子经常接近小动物。鸡栏里的母鸡见一个同类受伤，就马上把它咬死。他们竟也觉得有这种残酷的需要。这时，西蒙忽然发现一个邻居家的小孩，是一个寡妇的儿子，他总看见他跟自己一样，孤单一人和妈妈在一起。

"你也一样呀，"他说，"你也没有爸爸。"

"我有，"那孩子回答，"我有爸爸。"

"他在哪儿？"西蒙反击道。

"他死啦，"那孩子趾高气扬地说，"我爸爸，他躺在坟地里。"

淘气鬼们发出一片低低的赞许声，好像有个死去的父亲躺在坟地里，这一事实已经把他们的伙伴变得伟大，足以压扁那个根本没有父亲的孩子。这些捣蛋虫，他们的父亲大都是些恶棍、酒鬼、小偷，并且惯于虐待老婆的。他们有样学样，互相推挤着，把包围圈缩得越来越严实，就好像他们这些合法的儿子要施放出一种压力，把那个不合法的儿子闷死似的。

突然，站在西蒙对面的一个孩子，带着嘲弄的神情冲他伸伸舌头，对他高喊：

"没有爸爸！没有爸爸！"

西蒙揪住他的头发，使劲踢他的腿，同时狠狠咬他的脸。场面乱作一团。等两个打架的被拉开，西蒙已经被打得不轻，衣服撕破了，身上青一块紫一块，在拍手称快的小淘气们的包围中，蜷缩在地上。当他站起来，下意识地用手拂拭沾满灰尘的白罩衫时，有个孩子冲他大喊一声：

"去告诉你爸爸好了。"

这一下他心里感到全垮了。他们比他强大，打败了他。而他无法反击他们，因为他意识到自己真的没有爸爸。他自尊心很强，试图强忍住难受的眼泪；可是没有几秒钟，就憋得透不过气，虽然没有哭出声，却剧烈地抽搐起来，身子急促地颤抖。

敌人们发出一阵残忍的哄笑。就像欣喜若狂的野人一样，他们本能地牵起手，环绕着他一边跳舞，一边像唱叠句般地反复叫喊着："没有爸爸哟！没有爸爸哟！"

可是西蒙突然停止抽泣。他勃然大怒。脚边有几块石头；他捡起来，使劲向那些虐待他的人扔去。两三个孩子被石块击中，号叫着抱头逃窜。他那么气势汹汹，其余的孩子也都大为惶恐。人多也怕红脸汉；他们胆怯了，顿时散伙，逃之夭夭。

只剩下他一个人了，这没有父亲的小男孩撒开腿向野外跑去，因为他想起一件事，让他在头脑里做出一个重大决定：他要投河自尽。

原来他想起一个星期以前，一个靠乞讨为生的穷汉，因为已经身无分文，跳了河。把他的尸体捞起来的时候，西蒙正好在那里。这个不幸的人，平时西蒙觉得他很可怜，又肮脏又丑陋；但这时他脸变得白皙了，长长的胡须湿润了，睁开的两眼宁宁静静的，那副安详的神情给他留下深刻的印象。周围有人说："他死了。"又一个人补了一句："他现在倒像很幸福呢。"西蒙也想跳河，因为他没有父亲，就像那个不幸的人没有钱一样。

他来到河边，看着流水。几条鱼在清澈的流水中疾速地窜游嬉戏，不时地轻盈一跃，衔住水面上飞舞的小虫。他不再哭，而去看那些鱼，它们的表演引起他强烈的兴趣。不过，正像暴风雨平息的过程中偶尔会突然掠起几阵狂风，吹得树木咔吱作响，然后才消逝在天边。"我要跳河，因为我没有爸爸"这个念头伴着一股剧烈的悲痛，又涌上他的心头。

天气和暖宜人。温柔的阳光照晒着青草。河水像明镜似地闪着光。有那么几分钟的时间，西蒙觉得舒服极了，也感到痛哭之后常有的困倦；他恨不得就在那里，在那草地上，在温暖的阳光下，睡上一会儿。一个绿色小青蛙跳到他的脚边，他试图捉住它，青蛙逃开了。他接连抓了三次都失败。最后他总算抓住它的两条后腿。看着这小动物竭力挣扎想要逃脱的样子，他笑出声来。那青蛙先是蜷拢两条大腿，然后用力一弹，两腿猛然一伸，像两根棍子一样挺直；与此同时，它那带一道金箍的眼睛瞪得圆圆的，两只像手一样舞动的前爪向空中扑打着。这让他联想到一种用窄窄的小木片彼此交叉钉成的玩具，就是通过同样的运动，牵动着插在上面的小兵操练的。这时，他想到了家，想到了妈妈，一阵心酸，又哭起来。他浑身颤抖着，跪下，像临睡前那样念起祈祷文。但是他没法念完，因为他抽泣得那么急促，那么厉害，他已经神昏意乱。他什么都不再去想，周围的一切也都视而不见了，只顾着哭。

突然，一只壮实的手搁在他的肩头，一个洪亮的声音问他："什么事让你这么伤心呀，小家伙？"

西蒙回过头去。一个长着黑胡须和黑色卷曲头发的高个儿工人和善地看着他。他眼泪汪汪、喉咙哽噎地回答：

"他们打我……因为……我……我……没有爸爸……没有爸爸。"

"怎么会，"那人微笑着说，"每个人都有爸爸呀。"

孩子强忍悲伤，语不成声地接着说："我……我……我……没有。"

这时那工人变得严肃起来。他认出这是布朗绍大姐的孩子，虽然他刚到此地不久，也隐约耳闻些她过去的事。

"好啦，"他说，"别难过啦，孩子，跟我回去找妈妈吧。你会有……一个的。"

他们上路了，大汉挽着小孩的手。那汉子又露出了微笑。去见见据说是当地数得着的漂亮妹子布朗绍大姐，他不会不开心；也许他心里还在对自己说：失过足的妞儿很可能重蹈覆辙呢。

他们来到一个干干净净的白色小房子前面。

"就这里，"孩子说，然后叫了声："妈妈!"

一个女子走出来。她神情严肃地停在门口，仿佛在防止一个男人跨进门槛，因为她已经在那房子里遭到另一个男人背弃。工人顿时敛起他的笑容，他立刻明白，跟这个脸色苍白的大姑娘是开不得玩笑的。他有些不知所措，手捏着鸭舌帽，结结巴巴地说：

"瞧，太太，我把您的孩子送回来了，他在河边迷路了。"

可是西蒙扑进母亲的怀里，一边又哭起来一边说：

"不是的，妈妈，我是想跳河，因为别人打了我……打了我……因为我没有爸爸。"

年轻女子脸红得发烫，心如刀割；她紧紧搂住孩子，眼泪刷刷流到面颊。工人深受感动，站在那里，不知怎样走开才好。这时，西蒙突然跑过来，对他说：

"您愿意做我的爸爸吗?"

一阵沉默。哑口无言、脸羞得通红的布朗绍大姐，身子倚着墙，两手按着胸口。孩子见人家不回答，追问道：

"您要是不愿意，我就回去跳河。"

工人只当是说着玩，笑着回答：

"我当然愿意喽。"

"您叫什么?"孩子于是问，"别人再问起您的名字，我好回答他们呀。"

"菲力普。"男子汉回答。

西蒙沉默片刻，好把这名字牢牢记在心里，然后张开双臂，十分欣慰地说：

"好啦！菲力普，您是我的爸爸啦。"

工人把他抱起来，猛地在他双颊上吻了两下，就大步流星地离去。

第二天，西蒙走进学校，迎接他的是一片恶意的笑声；放学时，那个大孩子正想故伎重演，西蒙像扔石块似的，劈头带脸扔过去这句话："我爸爸叫菲力普。"

周围响起一片开心的号叫。

"菲力普谁？……菲力普什么？……菲力普是个啥呀？……你这个菲力普是从哪儿搞来的？"

西蒙根本不屑于回答；他怀着坚定不移的信念，用挑战的眼光望着他们。他已经做好了准备，宁愿拼死一战，也不愿在他们面前逃跑。老师替他解围，他才回到母亲家。

在此后的三个月里，高个儿工人菲力普经常在布朗绍大姐家附近走过，有时见她在窗边做针线，就鼓起勇气上前去和她搭话。她礼貌地回答他，不过总是很庄重，从来不跟他说笑，不让他进她家门。然而，像所有的男人一样，他也有点儿自命不凡，总觉得她跟他说话的时候，脸儿比平时红一些。

可是，名声一旦坏了是很难恢复的，即使恢复了也依旧十分脆弱。尽管布朗绍大姐谨言慎行，当地已经有人在说长道短了。

西蒙呢，他非常爱他的新爸爸，几乎每天晚上都要在他下工后和他一起散步。他天天按时上学，从同学们中间走过时态度非常尊严，不去理睬他们。

然而，有一天，曾经带头攻击他的那个大孩子对他说：

"你撒谎，你并没有一个叫菲力普的爸爸。"

"为什么没有？"西蒙气呼呼地问。

大孩子搓着手，接着说：

"因为你要是真有这样一个爸爸，他就应该是你妈妈的丈夫。"

面对这个正确的推理，西蒙心慌了，不过他还是回答："反正他是我的爸爸。"

"也许吧，"大孩子嘲笑着说，"不过，他不完全是你的爸爸。"

布朗绍大姐的孩子低下头，若有所思地向卢瓦宗老爹的铁匠铺走去。菲力普就在那里干活。

那铁匠铺就好像掩藏在树丛里。铺子里很暗，只有一个大炉的红红火光强烈地映照着五个赤着臂膀的铁匠，在铁砧上击打着，发出震耳的丁当声。他们站在那里，仿佛一群燃烧的精灵，注视着他们正任意改变形状的铁块；他们沉重的思想也随着铁锤一起一落。

西蒙进去的时候谁也没看见他，他悄悄走过去拉了拉他朋友的衣服。后者回过头来。工作戛然而止，大家都关心地看着。就在这不寻常的寂静中，响起西蒙细弱稚嫩的声音：

"喂，菲力普，米绍大婶的儿子刚才对我说，你不完全是我的爸爸。"

"为什么？"那工人问。

孩子十分天真地回答：

"因为你不是我妈妈的丈夫。"

谁也没有笑。菲力普伫立着，两只硕大的手挂着立在铁砧上的锤柄，脑门贴在手背上。他在沉思。四个伙伴看着他。在这些巨人中间显得很渺小的西蒙，焦虑地等待着。突然，一个铁匠发出了所有人的心声，对菲力普说：

"尽管遇到过不幸，布朗绍大姐的确是个善良、勤劳的姑娘；

一个正直的人娶了她，倒是个挺体面的媳妇呢。"

"这是实在话。"另外三个人说。

那工人继续说：

"如果说这姑娘失过足，难道是她的过错吗？人家原来口口声声要娶她的。我就认识不止一个女人，从前有过类似经历，如今很受人敬重哩。"

"这是实在话。"那三个人齐声回应。

那人又接着说："这可怜的姑娘一个人拉扯孩子，受了多少苦；她除了上教堂，从不出家门，又流过多少泪，这就只有天主知道了。"

"这也是实在话。"另外几个人说。

这以后，除了风箱扇动炉火的呼哧声，就什么也听不见了。突然，菲力普弯下腰，对西蒙说：

"去告诉你妈妈，我今晚要去跟她谈谈。"

说罢他就推着孩子的肩膀送他出去。

他又走回来干活。不约而同地，五把铁锤一起落在铁砧上。他们就这样锤打，直到天黑，个个都像那些得心应手的铁锤，坚强，有力，而又欢快。不过，就像在节日里，主教座堂大钟的鸣响总要胜过其它的教堂；菲力普的铁锤有节奏地击打，发出震耳的铿锵，盖过其它的锤声。而铁匠本人呢，站在飞溅的火花里，热情洋溢地锻造着，两眼耀动着光芒。

他来叩响布朗绍大姐的家门时，已经是满天星斗。他身着节日才穿的那件罩衫和一件鲜亮的衬衣，胡须刚刚修剪过。年轻女子出现在门口，带着为难的表情对他说："菲力普先生，天都黑了到这里来，可不好呀。"

他想回答，可是他结结巴巴不知道怎么说才好，尴尬地面对着她。

她接着说:"再说,您一定明白,再也不能让人说我的闲话了。"

这时,他毅然地说:

"那又有什么关系,如果您愿意做我的妻子!"

没有半个字的回答,不过他听到在昏暗的屋里有个人倒下去的声音。他连忙走进去。已经睡在床上的西蒙听到母亲的几句轻声细语。接着,他突然被他朋友的双手抱了起来,后者用他大力士的臂膀举着他,大声对他说:

"你告诉他们,你的同学们,你的爸爸是铁匠菲力普·雷米;谁要是欺负你,他就揪谁的耳朵。"

第二天,同学们都到齐了,就要开始上课,小西蒙站了起来;他脸色苍白,嘴唇颤抖着,用响亮的声音说:"我的爸爸是铁匠菲力普·雷米,他说谁要是再敢欺负我,他就揪谁的耳朵。"

这一次,再也没有人笑,因为大家都认识这个铁匠菲力普·雷米;有他这样一个爸爸,人人都会感到骄傲的。

⊃ **阅读思考**

作者塑造的铁匠菲力普是一个怎样的形象?请谈谈你的理解。

《赠卫八处士》

一、本诗将深深的情感蕴藏于质朴的文字之中，"问答乃未已，儿女罗酒浆"一句可谓"言有尽而意无穷"，请谈谈你对诗句的理解。

①这两句的意思是"还来不及讲述完所有的往事，你就催促儿女快把酒菜摆上"。②分离二十年，本来应该有无数的话要说，但是所有的别后的经历，别后对彼此的思念与牵挂，对个人际遇的感伤，对国家局势动乱的忧虑，都凝聚在这一句之中。③这句话平白质朴，却包含着丰富的情感与内容，可谓"言有尽而意无穷"。

二、杜甫的诗歌常将个人际遇与国家命运联系起来，这首诗字里行间也隐含着对家国命运的思考，请简要分析。

答：①"人生不相见，动如参与商。今夕复何夕，共此灯烛光。"开头四句从离别说到聚首，亦悲亦喜，悲喜交集，把强烈的人生感慨带入了诗篇。诗人与卫八重逢时，安史之乱已延续了三年多，虽然两京已经收复，但叛军仍很猖獗，局势动荡不安，诗人的慨叹，正暗隐着对这个乱离时代的感受。②"少壮能几时，鬓发各已苍。访旧半为鬼，惊呼热中肠。"这四句从生离写到死别，更是透露了干戈乱离，人命危浅的现实。③本诗看上去主要是写诗人的个人经历，但背后也透露出诗人对国家时局的担忧。

《朱买臣传》

一、李白在他的《南陵别儿童入京》里述及"会稽愚妇轻买臣",称朱买臣之妻为"愚妇",你赞同李白的看法吗?请谈谈你的观点。

参考观点:

观点一:赞同。朱买臣之妻目光短浅、嫌贫爱富,在朱买臣落魄之时不能陪伴支持他,在朱买臣发达之后又不能接受这种心理落差自尽而亡,前后的行为都可称为"愚妇"。

观点二:不赞同。由文中来看,朱买臣妻子的做法,是符合人性的,无可厚非。最初朱买臣一边读书一边砍柴卖柴,妻子认为他好高骛远,不能踏踏实实地谋生计,在多次制止他没有效果之后,决定离开她。朱买臣的妻子只是一个普通的底层农妇,她只想要踏实的生活,她的认识和追求和朱买臣是不一样的,所以她的离开并不是一种错误。而后她还和自己的后夫一起接济过朱买臣,也显示了她的善良。而她在朱买臣发达之后,宁愿选择自杀也不愿意接受朱买臣的接济,也彰显了她有自尊的一面。

本题是开放性思考题,只要学生是从故事人物的言行进行分析,言之成理均可。

二、皇帝任命朱买臣为会稽太守之后,朱买臣故意"衣故衣,怀其印绶,步归郡邸"。而在吃饱喝足后,又故意露出印绶,你怎么评价朱买臣的这一行为?

参考观点:

是他虚荣心作祟的表现,故意用这种方式,是想不动声色地炫耀,也是想看自己落魄时的熟人看到自己发达后的惊讶的态度,以此来满足自己的虚荣心。

参考译文:

朱买臣字翁子,吴地人。家贫穷,喜好读书,不治产业,常常靠砍柴卖掉以后换回粮食维持生计。总是挑着柴，一边走一边吟诵书经。他的妻子也背着柴跟随他，多次阻止买臣，让他不要在路上大声吟诵。买臣越发快速背诵，妻子觉得羞耻，请求离开他。买臣笑着说："我五十岁当富贵，现在已经四十多了。你苦的日子很久了，等我富贵后报答你的功劳。"妻子生气地说："像你这样的人，终究会饿死在沟中的，哪里能富贵？"买臣留不住，就听任她离开了。这以后，买臣独自在路上边走边吟诵。在墓地背柴时，前妻与她的丈夫一起上坟，看见买臣又饿又冷，叫住他，给他饭吃。

几年后，买臣自愿跟随上交计簿的官员作小卒，为官员赶着行李车上长安，到朝廷上书，上书很久没有答复。在公车府侍奉诏对，缺少吃的用的，上交计簿的官员与随从轮流接济他。正巧同乡书生严助得到皇上宠幸，他推荐了朱买臣。天子召见朱买臣，让他讲解《春秋》，谈论《楚辞》，皇上很喜欢他，拜买臣为中大夫，与严助一同在皇上身边随侍。这时正修筑朔方郡，公孙弘上谏，认为（修城）会使中原疲惫。皇上让买臣问难驳倒公孙弘，这件事记载在详《公孙弘传》中。后来朱买臣因过失免去官职，过了很久，才召回宫中，侍奉诏对。

这时，东越国多次反叛，买臣于是说："从前东越王住在泉山，固守那里，一人守住险要，千人不能上。现在听说东越王迁移居处向南去了，离泉山五百里，住在大湖中，现在出动军队，乘船从海上前往，直指泉山，排列战船军队，席卷风云，向南前进，可以消灭他们。"皇上于是拜朱买臣为会稽太守。皇上对买臣说："富贵了不回故乡，就像穿着锦绣衣服在夜里行走一样，没人知道，现在你打算怎么办啊？"买臣叩头谢恩，辞别皇上。皇上命令买臣到会稽郡，建造楼船，筹备粮食及水战武器，等待诏令一到，与大军一同前往。

起初，买臣被免官，侍奉诏对，常跟随会稽郡驻京守官邸的人寄住吃喝。拜为太守后，买臣穿着从前的衣服，怀揣官印和绶带，步行回到会稽郡官邸。正值向朝廷上计簿之时，会稽官吏正一同饮酒，不看买臣。买臣进入室内，看守官邸的人与他一同吃饭。快吃饱时，买臣稍稍露出他的绶带。守官邸的人觉得奇怪，上前扯出他的绶带，看他的印，是会稽太守的官印。守官邸的人大惊，出去告诉上交计簿的官吏，他们都醉了，大声喊叫说："瞎说的！"守官邸的人说："你们来看看吧。"那些一贯轻视买臣的老相识进室内看印，转身跑出，大声叫道："的确如此！"在座的人都很惊慌害怕，报告会稽守丞，彼此推推攘攘排列在庭中拜见太守。朱买臣缓缓出房。过了一会，长安管车马的官员乘坐官府车辆来迎接，买臣于是登上官车离去。会稽的官员听说太守将到，调集百姓修整道路，各县官员都来迎送，有一百多辆车。进入吴县境内，看见他的前妻与丈夫在修整道路，买臣停车，命令后面的车辆把他们夫妻都载上，到了太守府，把他们安置在园中，供给他们食物。过了一个月，前妻上吊死了，买臣送给她丈夫钱，令他安葬。把从前给过他饭吃和那些曾对他有恩的老相识，全都召来相见，一一报答他们。

过了一年多，买臣接到诏令，率领军队，与横海将军韩说等人一起，攻破东越，有功。征调回京担任主爵都尉，位列九卿。

《西蒙的爸爸》

作者塑造的铁匠菲力普是一个怎样的形象？请谈谈你的理解。

菲力普是一个正直、善良、同情弱小，敢于打破世俗偏见的人，他同情、关爱在哭泣的小西蒙，在后来被布朗绍女士的善良、勤劳所打动后，勇于打破世俗偏见，愿意给西蒙一个真正的家。

（其他思考，例如：在作者塑造这一形象的过程中，又不可避免地受到时代和当时社会思想的影响，于是就使菲力普这一正直高大的形象带上了时代的局限性，比如菲力普"做好事"的初衷其实是为了占西蒙妈妈的便宜。而最后，当他被布朗绍女士的端庄、自爱、勤劳所打动，愿意娶她时，也是直接宣布他自己的决定，完全没有询问对方意愿的意思，也显得不够尊重女性。菲力普身上的问题实则反映的是当时法国社会女性地位底下，根本无人会在意女性意愿的社会现实。）

叩问生命

里尔克诗言："我活着我的生命/在那超越事物/而不断生长的圆里/也许我无法完成/最后的一环/但我仍将努力。"生命之深厚可贵，诚如泰山深沉；而究其弱渺短暂，亦如苇芥轻薄，倏然即逝。生命时而坚韧如藤，时而易碎如瓷。求之不得者有之，弃如敝履者亦有之。短暂的一生中，我们究竟该以怎样的姿态，描画生之轨迹，尽力刻出最完满的一环？又该给予其他生命怎样的注视与关爱？

本单元所选作品，均为表达生命思考的散文与小说，或沉重，或轻灵。通过这些作品，我们将一起去看见生命，追问生命，思考在肉体的存活之外，生命究竟指向着怎样更深层的存在？关爱生命，究竟是在关爱什么？希望它们能带给你这些问题的启发。

学习本单元要反复阅读作品，理解词语的含义，关键词语要细加揣摩，领会作品的内涵，感悟作者对生命的思考与关爱，提升自我的精神境界。对作品中有哲思的语句，不妨作些圈点勾画，批注摘抄。把握不同题材作品的艺术特点，学习其写作技巧。

单元学习任务

一、经过本单元的学习，你对生命的理解有了怎样进一步的认识？谈谈你的新理解和改变的缘由。

二、发掘整理身边人物的事迹，写作一篇人物小传，以体现人物对生命的态度，并与同学分享交流。

作品研读

要生活得写意[1]

➡作者简介 蒙田（1533—1592），16 世纪法国文艺复兴后期人文主义思想家、作家，开创随笔式作品的先河，主要作品有《随笔集》三卷，其中片思所感，日常琐事、哲学思考，无所不谈。蒙田主张语言平易，晓畅直白，不事雕琢，以平实的语言对自身与社会作出诚恳细致的描写剖析，读来亲切而深有启发。因此，《随笔集》有"生活的哲学"之美称，在法国散文史上占有重要地位，曾一度是法国人的枕边书。

跳舞的时候我便跳舞，睡觉的时候我就睡觉。即便我一人在幽美的花园中散步，倘若我的思绪一时转到与散步无关的事物上去，我也会很快将思绪收回，想想花园，寻味独处的愉悦，思量一下自己。仁慈的大自然遵循这样的原则：它促使我们为保证自身需要而进行的活动同时也给自己带来乐趣[2]。它推动我们这样做不仅是满足理性的需要，而且是满足欲望的需要，破坏它的规矩就违背情理了。

我知道恺撒与亚历山大就在活动最繁忙的时候，仍然充分享

---

① 蒙田：《蒙田随笔》，梁宗岱、黄建华译，人民文学出版社，2005，第285-286 页。

② 例如，饮食、睡眠、性爱，既满足人类自身的生存和繁殖的需要，同时也给人带来乐趣。

受自然的，也就是必需的、正当的生活乐趣。我想指出，这不是要使精神松懈，而是使之增强，因为要让激烈的活动、艰苦的思索服从于一般生活常规，那是需要有极大的勇气的。他们认为，享受生活乐趣是自己正常的活动，而其他则是反常的活动。他们持这种看法是明智的。

我们倒是些大傻瓜。我们说："他一辈子一事无成。"或者说："我今天什么事也没有做……"怎么！你不是生活过来了吗？这不仅是你各种活动中最基本的活动，而且是最有光彩的活动。"如果我能够处理重大的事情，我本可以表现出我的才能。"你懂得考虑自己的生活，懂得去安排它吧？那你就做了最重要的事情了。天性的表露与发挥作用，无须异常的际遇，它在各个方面乃至在暗中也都表现出来，前台、后台都一个样。我们的责任是调整我们的生活习惯，而不是去编书；是使我们的生活井然有序，而不是去打仗、扩张地盘。我们最豪迈、最光荣的事业乃是生活得写意，其余一切事情，执政、致富、建造产业，充其量只不过是这一事业的点缀和从属品。

我很高兴地得知有这么一位将军，他在自己即将进攻的城墙口下一心一意、非常洒脱地与友人一起进餐，聊家常。布鲁图斯①也一样，他在天时地利都不利于他本人而且古罗马的自由正受威胁之际，还利用巡夜的时间，偷偷花上几个小时，安心地阅读波吕比乌斯②的著作并为之作批注。心灵不豁达的人，当其陷于沉重的事务堆里的时候，就不知道彻底摆脱出来。他们不知道要拿得起，放得下。

---

① 布鲁图斯（前85—前42），古罗马贵族派政治家，曾是刺杀恺撒的主谋。
② 波吕比乌斯（前202—前120），古罗马历史学家，留下名著《通史》40篇。

噢，患难与共的勇敢的友人，

今天且请尽饮，好消愁解闷，

明天咱们就进茫茫海域航行。

——贺拉斯

（选译自卷三第十三章）

➲ 阅读思考

一、本篇随笔标题为"要生活得写意"，结合文章内容，阐释"写意"的含义。

二、结合自己平时的生活实践，谈谈怎样做才算"生活得写意"。

苦恼①

●作者简介 契诃夫（1860—1904），俄国小说家、戏剧家、19世纪末期俄国批判现实主义作家、短篇小说艺术大师。代表作有短篇小说《套中人》《变色龙》《万卡》《小公务员之死》，剧本《万尼亚舅舅》《海鸥》《三姊妹》《樱桃园》等。列夫·托尔斯泰曾给契诃夫极高的评价，称他是"无与伦比的艺术家"。

我向谁去诉说我的悲伤？②

暮色昏暗。大片的湿雪绕着刚点亮的街灯懒洋洋地飘飞，落在房顶、马背、肩膀、帽子上，积成又软又薄的一层。车夫约纳·波塔波夫周身雪白，像是一个幽灵。他在赶车座位上坐着，一动也不动，身子往前伛着，伛到了活人的身子所能伛到的最大限度。即使有一个大雪堆倒在他的身上，仿佛他也会觉得不必把身上的雪抖掉似的……他那匹小马也是一身白，也是一动都不动。它那呆呆不动的姿态、它那瘦骨嶙峋的身架、它那棍子般直挺挺的腿，使它活像那种花一个戈比就能买到的马形蜜糖饼干。它多半在想心思。不论是谁，只要被人从犁头上硬拉开，从熟悉的灰色景致里硬拉开，硬给丢到这儿来，丢到这个充满古怪的亮

---

① 契诃夫：《契诃夫短篇小说选》，汝龙译，人民文学出版社，2005，第19-25页。

② 引自宗教诗《约瑟夫的哭泣和往事》。——俄文本编者注。

光、不停的喧嚣、熙攘的行人的漩涡当中来，那他就不会不想心事……

约纳和他的瘦马已经有很久停在那个地方没动了。他们还在午饭以前就从大车店里出来，至今还没拉到一趟生意。可是现在傍晚的暗影已经笼罩全城。街灯的黯淡的光已经变得明亮生动，街上也变得热闹起来了。

"赶车的，到维堡区①去！"约纳听见了喊声，"赶车的！"

约纳猛地哆嗦一下，从粘着雪花的睫毛里望出去，看见一个军人，穿一件带风帽的军大衣。

"到维堡区去！"军人又喊了一遍，"你睡着了还是怎么的？到维堡区去！"

为了表示同意，约纳就抖动一下缰绳，于是从马背上和他肩膀上就有大片的雪撒下来……那个军人坐上了雪橇。车夫吧嗒着嘴唇叫马往前走，然后像天鹅似的伸长了脖子，微微欠起身子，与其说是由于必要，不如说是出于习惯地挥动一下鞭子。那匹瘦马也伸长脖子，弯起它那像棍子一样的腿，迟疑地离开原地走动起来了……

"你往哪儿闯，鬼东西！"约纳立刻听见那一团团川流不息的黑影当中发出了喊叫声，"鬼把你支使到哪儿去啊？靠右走！"

"你连赶车都不会！靠右走！"军人生气地说。

一个赶轿式马车的车夫破口大骂。一个行人恶狠狠地瞪他一眼，抖掉自己衣袖上的雪，行人刚刚穿过马路，肩膀撞在那匹瘦马的脸上。约纳在赶车座位上局促不安，像是坐在针尖上似的，往两旁撑开胳膊肘，不住转动眼珠，就跟有鬼附了体一样，仿佛他不明白自己是在什么地方，也不知道为什么在那儿似的。

---

① 地名，在彼得堡。

"这些家伙真是混蛋！"那个军人打趣地说，"他们简直是故意来撞你，或者故意要扑到马蹄底下去。他们这是互相串通好的。"

约纳回过头去瞧着乘客，努动他的嘴唇……他分明想要说话，然而从他的喉咙里却没有吐出一个字来，只发出嘶嘶的声音。

"什么？"军人问。

约纳撇着嘴苦笑一下，嗓子眼用一下劲，这才沙哑地说出口：

"老爷，那个，我的儿子……这个星期死了。"

"哦！……他是害什么病死的？"

约纳掉转整个身子朝着乘客说：

"谁知道呢！多半是得了热病吧……他在医院里躺了三天就死了……这是上帝的旨意哟。"

"你拐弯啊，魔鬼！"黑地里发出了喊叫声，"你瞎了眼还是怎么的，老狗！用眼睛瞧着！"

"赶你的车吧，赶你的车吧……"乘客说，"照这样走下去，明天也到不了。快点走！"

车夫就又伸长脖子，微微欠起身子，用一种稳重的优雅姿势挥动他的鞭子。后来他有好几次回过头去看他的乘客，可是乘客闭上眼睛，分明不愿意再听了。他把乘客拉到维堡区以后，就把雪橇赶到一家饭馆旁边停下来，坐在赶车座位上伛下腰，又不动了……湿雪又把他和他的瘦马涂得满身是白。一个钟头过去，又一个钟头过去了……

人行道上有三个年轻人路过，把套靴踩得很响，互相诟骂，其中两个人又高又瘦，第三个却矮而驼背。

"赶车的，到警察桥去！"那个驼子用破锣般的声音说，"一共三个人……二十戈比!"

约纳抖动缰绳,吧嗒嘴唇。二十戈比的价钱是不公道的,然而他顾不上讲价了……一个卢布也罢,五戈比也罢,如今在他都是一样,只要有乘客就行……那几个青年人就互相推搡着,嘴里骂声不绝,走到雪橇跟前,三个人一齐抢到座位上去。这就有一个问题需要解决:该哪两个坐着,哪一个站着呢?经过长久的吵骂、变卦、责难以后,他们总算做出了决定:应该让驼子站着,因为他最矮。

"好,走吧!"驼子站在那儿,用破锣般的嗓音说,对着约纳的后脑壳喷气,"快点跑!嘿,老兄,瞧瞧你的这顶帽子!全彼得堡也找不出比这更糟的了……"

"嘻嘻,……嘻嘻……"约纳笑着说,"凑合着戴吧……"

"喂,你少废话,赶车!莫非你要照这样走一路?是吗?要给你一个脖儿拐吗?……"

"我的脑袋痛得要炸开了……"一个高个子说,"昨天在杜克马索夫家里,我跟瓦西卡一块儿喝了四瓶白兰地。"

"我不明白,你何必胡说呢?"另一个高个子愤愤地说,"他胡说八道,就跟畜生似的。"

"要是我说了假话,就叫上帝惩罚我!我说的是实情……"

"要说这是实情,那么,虱子能咳嗽也是实情了。"

"嘻嘻!"约纳笑道,"这些老爷真快活!"

"呸,见你的鬼!……"驼子愤慨地说,"你到底赶不赶车,老不死的?难道就这样赶车?你抽它一鞭子!唷,魔鬼!唷!使劲抽它!"

约纳感到他背后驼子的扭动的身子和颤动的声音。他听见那些骂他的话,看到这几个人,孤单的感觉就逐渐从他的胸中消散了。驼子骂个不停,诌出一长串稀奇古怪的骂人话,直骂得透不过气来，连连咳嗽。那两个高个子讲起一个叫娜杰日达·彼得罗夫娜的女人。约纳不住地回过头去看他们。正好他们的谈话短暂地停顿一下，他就再次回过头去，嘟嘟哝哝说：

"我的……那个……我的儿子这个星期死了！"

"大家都要死的……"驼子咳了一阵，擦擦嘴唇，叹口气说，"得了，你赶车吧，你赶车吧！诸位先生，照这样的走法我再也受不住了！他什么时候才会把我们拉到呢？"

"那你就稍微鼓励他一下……给他一个脖儿拐！"

"老不死的，你听见没有？真的，我要搂你的脖子了！……跟你们这班人讲客气，那还不如索性走路的好！……你听见没有，老龙①？莫非你根本就不把我们的话放在心上？"

约纳与其说是感到，不如说是听到他的后脑勺上啪的一响。

"嘻嘻……"他笑道，"这些快活的老爷……愿上帝保佑你们！"

"赶车的，你有老婆吗？"高个子问。

"我？嘻嘻……这些快活的老爷！我的老婆现在成了烂泥地啰……哈哈哈！……在坟墓里！……现在我的儿子也死了，可我还活着……这真是怪事，死神认错门了……它原本应该来找我，却去找了我的儿子……"

约纳回转身，想讲一讲他儿子是怎样死的，可是这时候驼子轻松地呼出一口气，声明说，谢天谢地，他们终于到了。约纳收下二十戈比以后，久久地看着那几个游荡的人的背影，后来他们走进一个黑暗的大门口，不见了。他又孤身一人，寂寞又向他侵袭过来……他的苦恼刚淡忘了不久，如今重又出现，更有力地撕扯他的胸膛。约纳的眼睛不安而痛苦地打量街道两旁川流不息的

---

① 原文是"高雷内奇龙"，俄国神话中的一条怪龙。在此用做骂人的话。

人群：在这成千上万的人当中有没有一个人愿意听他倾诉衷曲呢？然而人群奔走不停，谁都没有注意到他，更没有注意到他的苦恼……那种苦恼是广大无垠的。如果约纳的胸膛裂开，那种苦恼滚滚地涌出来，那它仿佛就会淹没全世界，可是话虽如此，它却是人们看不见的。这种苦恼竟包藏在这么一个渺小的躯壳里，就连白天打着火把也看不见……

约纳瞧见一个扫院子的仆人拿着一个小蒲包，就决定跟他攀谈一下。

"老哥，现在几点钟了？"他问。

"九点多钟……你停在这儿干什么？把你的雪橇赶开！"

约纳把雪橇赶到几步以外去，佝下腰，听凭苦恼来折磨他……他觉得向别人诉说也没有用了……可是五分钟还没过完，他就挺直身子，摇着头，仿佛感到一阵剧烈的疼痛似的；他拉了拉缰绳……他受不住了。

"回大车店去，"他想，"回大车店去！"

那匹瘦马仿佛领会了他的想法，就小跑起来。大约过了一个半钟头，约纳已经在一个肮脏的大火炉旁边坐着了。炉台上，地板上，长凳上，人们鼾声四起。空气又臭又闷。约纳瞧着那些睡熟的人，搔了搔自己的身子，后悔不该这么早就回来……

"连买燕麦①的钱都还没挣到呢，"他想，"这就是我会这么苦恼的缘故了。一个人要是会料理自己的事……让自己吃得饱饱的，自己的马也吃得饱饱的，那他就会永远心平气和……"

墙角上有一个年轻的车夫站起来，带着睡意嗽一嗽喉咙，往水桶那边走去。

"你是想喝水吧？"约纳问。

———————————

① 马的饲料。

"是啊，想喝水！"

"那就痛痛快快地喝吧……我呢，老弟，我的儿子死了……你听说了吗？这个星期在医院里死掉的……竟有这样的事！"

约纳看一下他的话产生了什么影响，可是一点影响也没看见。那个青年人已经盖好被子，连头蒙上，睡着了。老人就叹气，搔他的身子……如同那个青年人渴望喝水一样，他渴望说话。他的儿子去世快满一个星期了，他却至今还没有跟任何人好好地谈一下这件事……应当有条有理、详详细细地讲一讲才是……应当讲一讲他的儿子怎样生病，怎样痛苦，临终说过些什么话，怎样死掉……应当描摹一下怎样下葬，后来他怎样到医院里去取死人的衣服。他有个女儿阿尼西娅住在乡下……关于她也得讲一讲……是啊，他现在可以讲的还会少吗？听的人应当惊叫，叹息，掉泪……要是能跟娘们儿谈一谈，那就更好。她们虽然都是蠢货，可是听不上两句就会哭起来。

"去看一看马吧，"约纳想，"要睡觉，有的是时间……不用担心，总能睡够的。"

他穿上衣服，走到马房里，他的马就站在那儿。他想起燕麦、草料、天气……关于他的儿子，他独自一人的时候是不能想的……跟别人谈一谈倒还可以，至于想他，描摹他的模样，那太可怕，他受不了……

"你在吃草吗？"约纳问他的马说，看见了它的发亮的眼睛，"好，吃吧，吃吧……既然买燕麦的钱没有挣到，那咱们就吃草好了……是啊……我已经太老，不能赶车了……该由我的儿子来赶车才对，我不行了……他才是个地道的马车夫……只要他活着就好了……"

约纳沉默了一会儿，继续说：

"就是这样嘛，我的小母马……库兹马·约内奇不在了……

他下世了……他无缘无故死了……比方说，你现在有个小驹子，你就是这个小驹子的亲娘……忽然，比方说，这个小驹子下世了……你不是要伤心吗?"

那匹瘦马嚼着草料，听着，向它主人的手上呵气。

约纳讲得入了迷，就把他心里的话统统对它讲了……

1886 年

阅读思考

一、约纳的"苦恼"是什么？他为什么想"有条有理地""详详细细地"跟别人讲讲自己儿子是怎么去世的？

二、契诃夫小说"高度淡化情节""从最平常的现象中揭示生活本质"的艺术特点在本篇小说中是如何体现的？

陈泥鳅^①

⊙ 作者简介 汪曾祺（1920—1997），江苏高邮人，中国当代作家、散文家、戏剧家、京派作家的代表人物。被誉为"抒情的人道主义者，中国最后一个纯粹的文人，中国最后一个士大夫。"汪曾祺在短篇小说创作上颇有成就，对戏剧与民间文艺也有深入钻研。作品有《晚饭花集》《逝水》《晚翠文谈》等。

邻近几个县的人都说我们县的人是黑屁股。气得我的一个姓孙的同学，有一次当着很多人褪下了裤子让人看："你们看！黑吗?"我们当然都不是黑屁股。黑屁股指的是一种救生船。这种船专在大风大浪的湖水中救人、救船，因为船尾涂成黑色，所以叫作黑屁股。说的是船，不是人。

陈泥鳅就是这种救生船上的一个水手。

他水性极好，不愧是条泥鳅。运河有一段叫清水潭。因为民国十年、民国二十年都曾在这里决口，把河底淘成了一个大潭。据说这里的水深，三篙子都打不到底。行船到这里，不能撑篙，只能荡桨。水流也很急，水面上拧着一个一个漩涡。从来没有人敢在这里游水。陈泥鳅有一次和人打赌，一气游了个来回。当中有一截，他半天不露脑袋，半天半天，岸上的人以为他沉了底，

---

① 汪曾祺：《汪曾祺全集二 小说卷》，北京师范大学出版社，1998，第123 - 126页。

想不到一会儿，他笑嘻嘻地爬上岸来了！

他在通湖桥下住。非遇风浪险恶时，救生船一般是不出动的。他看看天色，知道湖里不会出什么事，就待在家里。

他也好义，也好利。湖里大船出事，下水救人，这时是不能计较报酬的。有一次一只装豆子的船在琵琶闸炸了，炸得粉碎。事后知道，是因为船底有一道小缝漏水，水把豆子浸湿了，豆子吃了水，突然间一齐膨胀起来，"砰"的一声把船撑炸了——那力量是非常之大的。船碎了，人掉在水里。这时跳下水救人，能要钱么？民国二十年，运河决口，陈泥鳅在激浪里救起了很多人。被救起的都已经是家破人亡，一无所有了，陈泥鳅连人家的姓名都没有问，更谈不上要什么酬谢了。在活人身上，他不能讨价；在死人身上，他却是不少要钱的。

人淹死了，尸首找不着。事主家里一不愿等尸首泡胀了漂上来，二不愿尸首被"四水捞子"①钩得稀烂八糟，这时就会来找陈泥鳅。陈泥鳅不但水性好，且在水中能开眼见物。他就在出事地点附近，察看水流风向，然后一个猛子扎下去，潜入水底，伸手摸触。几个猛子之后，他准能把一个死尸托上来。不过得事先讲明，捞上来给多少酒钱，他才下去。有时讨价还价，得磨半天。陈泥鳅不着急，人反正已经死了，让他在水底多待一会儿没事。

陈泥鳅一辈子没少挣钱，但是他不置产业，一个积蓄也没有。他花钱很散漫，有钱就喝酒尿了，赌钱输了。有的时候，也偷偷地赒济一些孤寡老人，但嘱咐千万不要说出去。他也不娶老婆。有人劝他成个家，他说："瓦罐不离井上破，大将难免阵头

---

① "四水捞子"是一种在水中打捞东西的用具，四面有弯钩，状如一小铁锚，而钩尖极锐利。

亡。淹死会水的。我见天跟水闹着玩，不定哪天龙王爷就把我请了去。留下孤儿寡妇，我死在阴间也不踏实。这样多好，吃饱了一家子不饥，无牵无挂！"

通湖桥桥洞里发现了一具女尸。怎么知道是女尸？她的长头发在洞口外飘动着。行人报了乡约，乡约报了保长，保长报到地方公益会。桥上桥下，围了一些人看。通湖桥是直通运河大闸的一道桥，运河的水由桥下流进澄子河。这座桥的桥洞很高，洞身也很长，但是很狭窄，只有人的肩膀那样宽。桥以西，桥以东，水面落差很大，水势很急，翻花卷浪，老远就听见訇訇的水声，像打雷一样。大家研究，这女尸一定是从大闸闸口冲下来的，不知怎么会卡在桥洞里了。不能就让她这么在桥洞里堵着。可是谁也想不出办法，谁也不敢下去。

去找陈泥鳅。

陈泥鳅来了，看了看。他知道桥洞里有一块石头，突出一个尖角（他小时候老在洞里钻来钻去，对洞里每一块石头都熟悉）。这女人大概是身上衣服在这个尖角上绊住了。这也是个巧劲儿，要不，这样猛的水流，早把她冲出来了。

"十块现大洋，我把她弄出来。"

"十块？"公益会的人吃了一惊，"你要得太多了！"

"是多了点。我有急用。这是玩命的事！我得从桥洞西口顺水窜进桥洞，一下子把她拨拉动了，就算成了。就这一下。一下子拨拉不动，我就会塞在桥洞里，再也出不来了！你们也都知道，桥洞只有肩膀宽，没法转身。水流这样急，退不出来。那我就只好陪着她了。"

大家都说："十块就十块吧！这是砂锅捣蒜，一锤子！"

陈泥鳅把浑身衣服脱得光光的，道了一声："对不起了！"纵身入水，顺着水流，笔直地窜进了桥洞。大家都捏着一把汗。只听见欻的一声，女尸冲出来了。接着陈泥鳅从东面洞口凌空窜进了水面。大家伙发了一声喊："好水性！"

陈泥鳅跳上岸来，穿了衣服，拿了十块钱，说了声："得罪得罪！"转身就走。

大家以为他又是进赌场、进酒店了。没有，他径直地走进陈五奶奶家里。

陈五奶奶守寡多年。她有个儿子，去年死了，儿媳妇改了嫁，留下一个孩子。陈五奶奶就守着小孙子过，日子很折皱①。这孩子得了急惊风，浑身滚烫，鼻翅扇动，四肢抽搐，陈五奶奶正急得两眼发直。陈泥鳅把十块钱交在她手里，说："赶紧先到万全堂，磨一点羚羊角，给孩子喝了，再抱到王淡人那里看看！"

说着抱了孩子，拉了陈五奶奶就走。

陈五奶奶也不知哪里来的劲，跟着他一同走得飞快。

一九八三年八月一日急就

（原载《人民文学》一九八三年第九期）

🔴 阅读思考

一、分析陈泥鳅的人物形象特点，思考作者运用了哪些手法来塑造这个鲜活的人物形象。

二、陈泥鳅对生命的态度是怎样的？

---

① 这是作者的家乡话，意思是很困难、很不顺利。

《要生活得写意》

一、本篇随笔标题为"要生活得写意"，结合文章内容，阐释"写意"的含义。

"写意"，是指尊重人的内在天性，懂得适时从俗务中将自己解放出来，做自由、自然、率真、本性的自己。用自由的灵魂拥抱生活、热爱生活，活出人的自然之态。

二、结合自己平时的生活实践，谈谈怎样做才算"生活得写意"。

言之成理即可。

《苦恼》

一、约纳的"苦恼"是什么？他为什么想"有条有理地""详详细细地"跟别人讲讲自己儿子是怎么去世的？

他的苦恼有两层：①对儿子英年早逝的悲痛；②这种悲痛无人倾听的孤独苍凉。

而约纳之所以想要"有条有理的""详详细细地"跟别人讲述儿子如何去世，也正是想稍微排解一下憋堵在心中的郁闷和悲哀。作为一个车夫，约纳没有别的方式能纪念儿子，儿子走后，也再没有人会关心他的感受。巨大的孤独与哀伤，在胸中激荡、冲刷，压迫他、推挤他、迫使他去寻找一个出口，来释放这无底的痛苦。

二、契诃夫小说"高度淡化情节""从最平常的现象中揭示生活本质"的艺术特点在本篇小说中是如何体现的？

本篇小说在情节上极其简单，甚至可用一句话概括：老车夫约纳试图向不同的客人讲述儿子去世的经过但无人倾听，最后只能向马儿述说。小说的主要描写都集中在"车夫想说—乘客不想听"的种种样态。显然，作为一般小说最重要的元素之一，契诃夫的小说情节不仅没有跌宕，反而在高度淡化后退向了其次。

在《苦恼》中，高度淡化的情节却正揭示出其时生活中的某些本质：人们只沉浸在自己关心的事务里，却对他人生命的逝去无比冷漠。人性所应有的同情、慈爱、怜悯，都在冬日的寒风中消失不见。没有同情之心，人也就异化成冰冷的机器，甚至不如一头愿意聆听的瘦马。

《陈泥鳅》

一、分析陈泥鳅的人物形象特点，思考作者运用了哪些手法来塑造这个鲜活的人物形象。

小说主要运用了语言描写、动作描写、神态描写等多种手法，塑造了陈泥鳅的人物形象。

①水性极好，经验丰富，同时富有勇气。从他游清水潭、冒着极大的风险下水救女尸可以看出。②心中有大义，古道热肠，却不愿宣扬。从他偷偷周济孤寡老人，和下文帮助陈五奶奶的孙子治病可以看出。③有自己的原则，好利的普通人。"在活人身上，他不能讨价；在死人身上，他却是不少要钱的"。④潇洒不羁，追求自由。从他花钱散漫，不愿娶妻生子拖累家人可以看出。

二、陈泥鳅对生命的态度是怎样的？

陈泥鳅活得通透，重生不重死。在他看来，自己的生命应当潇洒自在，无忧无虑，特别是自己的职业风险很大，更应该好好享受人生。而对于他人，只要还有生的希望，就值得他无私襄助。倘若生命已经走到尽头，也只是自然的终结，不必过于悲痛，只需像水流一般，任其汩汩流过。

后记

如果说读书是一种享受的话，那么编书则是苦乐参半的。

雨果曾盛赞印刷术："印刷术的发明是最重大的历史事件，它是革命之母，它是人类完全革新了的表现方式。"印刷术打破了宗教对思想的束缚，新的思想借书籍之力传播得更快更远。而在当下这个短视频横行的时代，短视频似乎大有取代书籍的趋势。但真正爱读书的人都知道，那种捧读一本书的乐趣，是短视频碎片化的快餐内容无法企及的。一本书里蕴藏着作者的情思，也渗透着读者的生命体验。秋冬的暖阳，春日的柳影，炎夏的河风，乃至夜雨敲窗、落叶别树，每一次开卷捧读的场景，都融进了书香，融进了淡远的时光。

编书则不一样。把自己的想法编写成书传递给学生是一件快乐的事，更是一件庄重而艰难的事。在选择篇目之前，我们先是深入研究部编教材的体例，力求最大程度上吸收部编教材的精华；而后反复商讨单元主题，希望既能贴近当代学生的认知、激发学生的阅读兴趣，又能提升他们的语文素养。每篇选文都要反复研读，如果是中长篇的节选，还要通读全篇，以避免陷于断章取义的误区而不自知。每个问题都要仔细斟酌，力求以简练精确的语言说明问题，同时可以启发学生思考。每个答案都要认真打磨，希望能够兼顾文本信息和学生现有的理解水平。

孔子说："己欲立而立人，己欲达而达人。"立人与立己，达人与达己，其实是一回事，在教学和编书上尤其如此。教师与学生，编者与读者，都是在互相成就。因此，我们不惜多次替换原来的篇目及问题的设计，在每次的研讨中逐渐提升自己，希望学生能够喜欢上这本书。这本图书编辑结束，但阅读、教研的路还很长，因为自我提升是一个永无止境的过程。荀子说：学不可以已。借此自勉。

编者

2023 年 3 月